らしく起業

キャリア迷子の会社員だった私が見つけた、
〝ゼロからマイビジネスを作る〟自分らしい働き方

はじめに――起業してからやってはいけない落とし穴

起業したら、「組織での働き方」から「個人での働き方」へチェンジ

私自身、会社員を経て起業しましたが、会社組織と起業した個人とでは働き方に違いがあることに起業した当初は大変戸惑いました。

まず、会社組織の世界と起業の世界では、「ゲーム（仕事）のルール」が全然違います。

会社員として会社で出世をしていくには、上司から言われたことをきちんとミスなくやる必要があります。ここでポイントなのが、新しいことに挑戦して失敗するよりも、今までやっていることを無難に続けて失敗しない人が評価されやすいということです。古い体質の会社ほど、ミスをすると出世に響く減点方式なのです。

また、会社や上司から言われたことに、何の疑問も持たずに業務を遂行する力も必要です。ここで「何のためにやっているのかな」などと疑問を持ったら負けです。会社で評価されるのは、上から言われたことには素直に従う、右向け右と言われたら右を向ける人が能力優秀とされるのです。

そして、会社で出世していくには、社内での政治力と根回し力が必要です。出世する上司の下で働いた人が出世する傾向もある気がします。それくらい会社で出世するには、もちろん本人の努力も必要ですが、運の要素も強いと思います。

また、暗黙知である水面下にはびこる社内ルールをかぎ分け、社内へのアピール上手で仕事をやっていますす感を出すのがうまい人、社内で声が大きい人も出世の軍配が上がるような気がします。

優秀でもアピール下手だと出世という社内ゲームを戦うには不利で、そういう人は会社で評価されにくいのです。

会社員時代のことを思い出して書いてみて、あらためて、会社の出世競争は非常に残酷（能力より世渡り上手や運が出世に左右する）だと思いましたが、少なくとも古い体質の会社では言いえて妙だと納得しました。

一方、起業してうまくいくために必要なことは、会社員とはまったく別物です。

まず、「失敗こそが財産」です。たくさん失敗したほうが成功への近道です。なぜなら、起業の現場では、やってみないとわからない、失敗しないと学べないことがたくさんあるからです。

失敗しても、誰からの評価も落ちません。もしダメージがあるとすれば、クライアントを少し失うくらいです。むしろ、先輩起業家からは、挑戦して失敗したことを褒められます。失敗は挑戦した人しかできないからです。

そして、起業すると「常に疑問を持つ」ようになります。「なぜ世の中のシステムはこうなっているのか」「なぜ自分がこの仕事をしているのか」「なぜお客さまはこの商品を買うのか」など、なにをやるにも常に疑問だらけなので、自分の頭で考えて行動する力が求められます。誰からの指示も受けないので、自由度は高いですが、自分で考える癖をつけておかないと厳しいです。

ここで注意しないといけないのは、会社員とは違い社内政治力は必要ないですが、「アピール力と根回し力は起業しても必要」です。

起業してからのアピール力と根回し力は、会社員の社内政治の立ち回りで失敗したら二度と出世の芽がなくなるというドロドロしたものではなく、起業した業界のキーパーソンに対するもっと健全でオープンなアピール力と根回し力です。

起業したら、その業界や展開していきたい業界につながるキーパーソンに気に入られたほうが、成功の確率が高まります。

そして、気に入られたいキーパーソンや業界の偉い人がいて気に入られたら問題ないのですが、もし気に入ってもらえなくても他の人がいるくらいの軽い気持ちでアプローチできるのが会社員と起業家の違うポイントです。

このように、会社組織で出世するのと個人で起業して上手くいくのでは、プレイしているゲームそのものが違うのです。

起業したらプレイするゲームが変わったことを認識して、起業という人生が最高にワクワクするゲームを楽しみましょう。

起業したら、「お金」「時間の使い方」「人間関係」がガラッと変わる

私自身を振り返ってみても、会社員の頃と起業してからでは、**「お金の使い方」「時間の使い方」「人間関係」が大きく変わった**と実感しています。

起業後は、これらと自分との関係を意識的に変えていかないと、ビジネスにも大きく影響を及ぼしていきます。

次に、私が会社員の頃と起業してから、「お金」「時間」「人間関係」がどのように変わったかをお話しします。

【お金】将来のリターンを感じたら高額投資をし、逆に無駄なものには1円も払わない

会社員の頃と比較して、起業したら無駄使いが圧倒的に減りました。

会社員の頃は、無駄にストレス消費をし、たいして欲しいかわからないものを給料やボーナスが入ったら買っていました。

しかし、起業してから、ストレスが激減したこともあり、逆に「お金」の使い方がシビアになったと感じます。日常では、お金があっても無駄と思うものには一切お金を使わない。ビジネスでは、自分のビジネスにとって意味をなさないもの、価値を感じないものに関しては、1円も投資しない。

たとえば、高級ブランド品が自分のビジネスでのブランディングに役立つなら買いますが、そうではない場合、ブランド品にお金を使いません。それくらい常に自分のビジネスのことを考えて、限られた資金をどこに投資したら一番リターンが得られそうかを判断しています。

また会社員の頃のように、会社が自己啓発やリスキリングのために研修を用意してくれることもないので、新たな知識を得るために自己投資としてセミナーやスクールに通うのは当たり前ですが、自己負担です。自己投資をすれば必ず自分のビジネスに還元されるとわかっています。

特に起業したての頃は、手持ち資金も限られているので、自己投資にお金を使うことが怖かったです。

しかし、起業したてで経験の浅い自分の頭で考えるより、すでにビジネスで成功している人から学び、知識を得るほうが圧倒的にビジネスでの成果が早く出ます。当たり前と言えば、当たり前ですね。成功者のノウハウが得られるのですから。

実際に私は、自己投資で一時的に数十万円から１００万円近く使いましたが、新しいスキルやノウハウを得ることによって数カ月で自己投資資金の回収ができました。また、その数カ月後には使ったお金が何倍にもなって返ってくることも、実体験を通じてわかっています。

だからこそ、起業後は入ったお金をやみくもに使うのではなく、きちんと目的を持って自分のビジネスのために使うようにしてください。自己投資や人材採用の費用、外注費、広告費など自分のビジネスに必要なものに使ってください。

くれぐれも、儲かったからといってブランド品や高級時計、高級外車を買うような真似だけは厳禁です。

【時間】お金よりも時間のほうが大事。ビジネスでやりたいことを全部叶えるには時間が必要

実は、「お金」よりも「時間」のほうがもっと大事です。お金は一度失っても、また頑張れば失ったお金を取り戻すことはできます。

しかし、時間は二度と取り戻せません。どんな資産家でも、1日24時間を30時間にすることはできませんし、時計の針を戻して今より若返ることもできません。時間は不可逆なのです。


もし、ビジネスで成し遂げたい夢や目標があったら、今すぐ行動してください。悩んでいる時間はありません。人間は必ず年を取ります。明日、原因不明の病気になる可能性もあります。やりたいことは、今すぐ始めましょう。

私がそうなのですが、いくつもビジネスでやりたいことがある人は、速く「PDCA（Plan〈計画〉、Do〈実行〉、Check〈測定・評価〉、Action〈対策・改善〉の仮説・検証型プロセスを循環させてマネジメントの品質を高めようという概念）」を回して、どんどんビジネスのスピードアップをして、欲張った人生を送りましょう。


また、「時間」は何物にも代えがたいものです。スキルやノウハウを得ることができる自己投資をすることで、ビジネスでの成果が出るまでの時間をショートカットできるなら、どんどん「お金」を使ったほうが最終的に自分のためになります。

たとえば、独学で動画編集をマスターしようとすれば、動画編集の独習テキスト代以外はほとんどお金がかかりませんが、6カ月かかるとします。

独学に対して動画編集のスクールに入ればお金はかかりますが、3カ月で動画編集をマスターすることができます。

どちらが、費用対効果としては正しいでしょうか？　後者の方がお金と時間の使い方が正しいです。

独学の場合は、動画編集を勉強している半年間売り上げはゼロ円です。しかし、スクールで学んだ場合は、スクール終了後から売り上げが見込めます。そして、それから独学が終わる3カ月後の売り上げを比べれば、スクールでマスターした場合のほうが、数万〜数十万円売り上げが独学より多いのはわかりきったことです。

あとひとつ、「時間」を考えるうえで忘れてはならない大事な視点があります。それは、学ぶこともちろん大事ですが、まずは「自分で行動してみる」ということです。行動することが自分を一番早く成長させることができます。

性格的に、きちんと学んでから行動したい慎重派のタイプの人も多いと思います。しかし、成長スピードが圧倒的に早いのは、

「とりあえず行動してみる↓自分の足りないところやダメなところがわかる↓学ぶ」

という順番のサイクルを回せる人です。

自分の足りないところがわかってから学べば、学びの吸収率もかなりよくなります。起業を志したら、くれぐれも「いつまでも準備中」「いつまでも学び中」だけは避けましょう。

【人間関係】惰性での付き合いがなくなり、WIN-WINになる人とのつながりを持つ

あなたは、たいして行きたくもない会社の飲み会に付き合いで参加し、聞きたくもない上司や先輩の愚痴や説教を聞き、非生産的な時間を過ごしていませんか。

もちろん、起業したからといって飲み会をすべて断りましょうとは言いません。しかし、乗り気ではないのに惰性の付き合いの飲み会には行く必要がなくなります。起業すれば、飲み会も会いたい人も自分から選べるのです。

そして、不思議なことに、起業したら周りにいる人たちの多くが、起業家やフリーランスといった価値観の似た人たちが集まるようになります。

起業家やフリーランスの多くは、自分のビジネスに誇りと納得感を持って向き合われているので、会話の中で仕事や人間関係での愚痴や不満が出ることがほとんどありません。たまに出たとしても、ビジネスで困ったことがあり、どうしたらよいかという建設的な愚痴というか相談です。

起業家は、自分のビジネスに夢中な人が多いので、不平不満や愚痴を言い、他人を羨ましがったり、余計な噂をしたりするほど暇ではないのです。

常にビジネスがよりよい方向に行くためのアイデアや戦略を起業家同士、仕事仲間同士で話し合ったりすることのほうがよほど重要です。

そのため、普段の話題でもほぼビジネスの話が中心となり、知らない人が聞くと味気のない会話をしていると感じるかもしれませんが、私も含め本人たちはそれが楽しいのです。

起業すると、**「自分と関わる人と仕事でどんな組み方ができるか」「お互いにとってWIN-WINの関係になるにはどうしたらよいか」「いいご縁をつなぐためにできることはないか」という視点で人間関係を考えていく**ことになります。

結局、お金も情報もご縁も運ぶのは人です。起業したら、惰性で付き合う人間関係はやめて、前向きで建設的な話ができる人間関係を構築していくようにしましょう。

起業を決意したら、パートナーにどう相談すべきか

起業したいという女性から、「パートナーに起業を反対されて……」というご相談をたくさんいただきます。

ひとつだけ厳しいことを言わせてください。**パートナーや家族に反対されたくらいで起**

業に迷い、起業をする行動を止めたいと思うくらいなら起業しないほうがいいと思います。

実際に起業で成功されている人を見ると、パートナーや家族に反対されたり、認められなかったりしても、そんなことは気にせず自分の思うように行動している人ばかりです。

起業したら、誰かを説得したり、自分の提案や意見を通したりしないといけないシーンがたくさん出てきます。取引先、外注パートナー、銀行、自治体などの関係者も増えます。身近にいるパートナーや家族にちょっと反対されたくらいでくじけるようであれば、その先が思いやられます。


しかし、実際にこのような話はよく聞くことなので、パートナーや家族に起業を反対されたときの対処法をご紹介します。

起業しようと決意してから、まずパートナーに相談するタイミングですが、タイミングはそれぞれのパートナーとの日頃の関係によるところも大きいかと思います。

起業をすることが隠し事をしているみたいで気が引けるといった場合には、早めに相談したほうがいいです。ただし、相談したとき何かと言われるような感じなら、ギリギリまで言わないほうがいいと思います。

私は、起業を決意しただけなら、別にパートナーに言う必要がないと思います。実際に行動に移して、起業の準備で子どもの面倒を見てもらう機会が増えたり、明らかに今までの生活パターンに変化が出たりして、パートナーに疑われそうになったときに初めて相談するのがいいと思います。

パートナーである男性（パートナーが女性の場合は、今回は対象外とさせてください）の心理としては、妻から起業すると聞いたとき、次のように感じる人が多いのではないでしょうか。

・妻が起業することで、家事や育児の負担が増えるのではないだろうか
・会社員をやめられたら、世帯収入が減ってしまう
・自分より稼いで、好きなことで生き生き働いている妻の姿を見ている自分が虚しい
・起業なんて怪しいし危ないから、会社員のまま無難に働いてほしい
・起業して自分に興味がなくなったらどうしよう……

おそらくこのような気持ちが心の中で渦巻くと思います。ということは、パートナーに起業の話しをするときに、彼が感じているこれらの不安をすべて払拭できるだけの理論を身につけていれば問題ありません。

パートナーを説得するときは、数字的根拠を元に、今後のビジネスの計画とビジョンを理路整然と話しましょう。

そして、**最後は熱意**です。夫婦関係が破綻していない限り、どれだけ本気で起業したいのかを伝えることができれば、パートナーは必ず妻が頑張ろうとする姿を応援してくれるはずです。

最後に、説得する際に重要になるのが、**家事育児の負担**です。起業することによって、仕事の約束やセミナーへの参加なども増えるはずです。そんなときに、子どもの世話や家事をどうしていくか、事前に夫婦で話し合いましょう。

パートナーが起業を反対する最大の理由は、家事育児の負担かもしれません。場合によっては、掃除をはじめ、食事の準備や片付け、洗濯などで役に立つ時短家電を購入したり、家事の外注などをして、家庭でのさまざまなオペレーションが上手く回るようにするのもいい考えです。

子どもを産む前と産んだ後、起業するならどっち？

この質問はアラサー世代の女性からよく聞かれます。私自身も悩んだことですし、産む前、産んだ後、どちらにもメリット・デメリットがあると感じています。

私自身は、一人目を妊娠する前に独立し、一人目の出産の3カ月前に会社を設立しました。

したがって、この質問のケースでは子どもを産む前に起業したに該当します。個人的には、それがよかったと思っています。

◎子どもを産む前に起業するメリット・デメリット

子どもを産む前に起業するメリットとしては、圧倒的に時間もお金も体力もあることです。子どもを持った後と比較しても、子どもを持つ前は、時間の余裕があり、身軽に動けるというのは起業するタイミングとしてはかなりのアドバンテージがあることを痛感しました。起業してすぐの時期は行動したもの勝ちです。なぜなら、自分のために使える時間が多いので、ビジネスの初速がいいです。

私の場合は、子どもを産む直前に起業・会社設立しましたが、子どもを産んでからだとたぶん肉体的にも精神的にも子育て中心の生活となり、起業するのに二の足を踏んだと思います。

また、子どもがいてもいなくても、起業するならできるだけ早いときがいいと思います。周りを見ても、若いときに起業すると、いろいろと仕事の世話を焼いてくれる人も多い印象があります。そして、若いときのほうが失敗もしやすい分(リカバリーする時期が長い)、チャレンジもしやすいです。

逆にデメリットは、起業してしまうと会社員とは違って産休育休がないので、産後からバリバリ仕事をすることになります。私の場合、のんびり育休をとって子どもと過ごすことができなかったこと、育休代が手に入らなかったことをデメリットに感じました。

しかし、考え方によっては、起業すれば働き方は自分で決められるので、上手に時間管理をすれば子どもと過ごす時間も十分にとることができます。

◎子どもを産んだ後に起業するメリット・デメリット

子どもを産んだ後に起業するメリットは、この時期起業をするというよりは、**会社員であれば起業の準備をしっかりできる**ということです。なぜなら、企業の産休育休制度が利用でき、ある程度長期の休みがとれるからです。

起業すると、自分が働かなくては売り上げが立ちません。お金が入ってこないのです。出産後に起業をすると、子育てと会社運営の両方を同時にやらなければならなくなり、どうしても十分にビジネスでの売り上げを立てることが難しくなります。

私は、日本の産休育休の制度は手厚いので、育休中に何度会社員が羨ましいと思ったことか(笑)。

起業したばかりのときは、自分が動かなくても自動的に売り上げが立ち、お金が入ってくる仕組みなどできていない状況です。子どもを産んだ後に起業するなとは言いませんが、もし、あなたが会社員で幸運にも子どもを授かり、近いうちに会社をやめて独立しようとしても、その考えはもう少し先延ばしにしてください。

特に、日本企業の育休産休の制度は働く人には手厚い手当がでます。会社員なら育休産休中に手当をもらいながら、マイペースに起業の準備をするのはとてもおすすめです

デメリットは先ほどと逆で、やはり時間・お金・体力を自分のためだけに使えなくなるので、どうしてもビジネスのスピード感はなくなってしまいます。

子育てが落ち着いてから起業もできますが、今の情熱やエネルギーがなくなる可能性があることも念頭に入れておいてください。

起業は、人それぞれの人生とビジネスのタイミングで決めることなので、起業の時期については正解も不正解もないと思っています。

ひとつだけ言えることは、起業することは人生にとって大きな節目となる出来事です。起業という人生の選択に迷うことはあると思います。ですが、「自分が選んだ道を必ず正解にする」という強い覚悟だけは持ってください。

育休手当と同じだけの金額を一瞬で稼げる起業の破壊力

先ほど、育休をとっている会社員の人が羨ましいと思ったことがあるとお話ししました。しかし、こう思ったのは、起業と出産が重なった最初の時期だけです。なぜかというと、会社から出る育休手当の数百万円は、起業したら一瞬で稼げることを知ってしまったからです。

もちろん、起業初期からそんなに稼ぐことは難しいかもしれません。しかし、起業すると、自分の工夫と努力次第で月商数百万円、数千万円が当たり前の世界になるからです。会社員的発想の「時給いくらの世界」とは違います。

たとえば、育休前の年収が６００万円だったとします。その場合、企業によってさまざまですが、育休手当は少なくとも２００万円以上はもらえるのではないでしょうか。

しかし、起業したら、仮に単価50万円のＷｅｂのランディングページ(以下、この本ではＬＰと略します)制作の案件を月４件受注するだけで、月の売り上げ２００万円を達成することができます。

また、一人当たり20万円のコーチングやカウンセリングのコースの申し込みが10人からあれば、同じように月の売り上げ２００万円を達成することができます。

もし、育休手当が欲しくて、お金の面だけで起業を後回しにするなら、考え方を変えるべきです。目先の育休手当より、早く起業をしてビジネスを始めることで、育休手当より多くのお金を手に入れられる可能性が生まれます。

人生という長期的視点に立てば、起業する時期を先延ばしにすればするほど、あなたが手にするお金の金額が違ってきます。一刻も早く起業をスタートさせ、ビジネスを軌道に乗せ、毎月数百万円売り上げましょう！

起業したらコミュニティに入り、メンターを持とう

今、会社員の人は、起業した人をみて「自由に働いていて、なんだか楽しそうだな」と思っているのではないでしょうか。

会社員をしていると、どうしても煩わしい人間関係も出てくるので、しがらみがないことに対する憧れからくる感情がそのように思わせているのかもしれません。実は起業すると想像以上に孤独です。

最初からある程度の規模を持つ会社組織としてのスタートアップでもない限り、一人オーナー会社や個人事業主としてのスタートなら、最初は一人での活動です。毎日顔を合わ

せる人はいません。

会社員だと、困ったことやわからないことをすぐ聞ける上司や先輩がいます。さらにトラブルが起きたときは、会社が組織としてトラブル先と相対してくれます。会社員は会社に守られているのです。

しかし、起業した瞬間から、困ったときはその都度相談相手を探します。毎日顔を合わせる人、気軽に雑談できる人もいなくなります。昨日まで、あんなに煩わしかった会社での人間関係も懐かしくなります。

起業すると孤独です。孤独を感じると、人はいろんなことをネガティブに考えがちで、さらにモチベーションも続かなくなります。

そんなときこそ、自分から環境を整えることが重要です。具体的には、積極的に同じ起業家同士のコミュニティや同業他社が集まるコミュニティなどに参加したり、ビジネスや人生のメンターを持ったりすることです。

コミュニティに参加をしたり、メンターを持つことで人脈も広がり、ビジネスにもいい影響を与えてくれますし、孤独を感じなくなります。

また、コミュニティは、自分の都合に合わせて参加できるので、適度な距離で他人と付き合えますから、会社のような人間関係の煩わしさもあまり感じません。

ビジネスは結局人です。人と知り合うことで、ビジネス案件が決まったり、新しい企画が生まれたり、知りたい情報を得たりと素敵なご縁につながるので、起業したら家に籠らずに積極的に外の世界に出ていきましょう。

起業したら手帳でセルフマネジメント

あなたは手帳を使っていますか。最近だと、スケジュールはパソコンやスマートフォンなどで管理しているので、紙の手帳を使わなくなったという人も多いと思います。

実は私は、会社員のころからずっと紙の手帳を使っています。デジタルのスケジューラーも使い勝手はいいのですが、紙の手帳ならではの良さがあります。

手帳は私の一番の相棒で、スケジュール管理用1冊、思考とアイデアの整理と目標管理用1冊、日々の日記用1冊。全部で3冊の手帳を使っています。

私の手帳の使い方は、スケジュール管理をするだけではなく、アイデアを整理したり、心の中に溜まった気持ちを吐き出したり、自分の夢を描いたり……、手帳を相棒に自分の頭と心を整えてきました。

日々3冊の手帳に、なぜそんなに書くことがあると思うでしょう。

なぜかというと、起業したら、思った以上に悩むことが多いし、自分で判断することも多い、また発想力も必要なので、そういった悩みをいつも身近にある手帳に書き残しています。

これまで、思いついたアイデアを形にできたのも、やりたい夢を叶えられたのも手帳があったからだと思っています。

デジタルにはない紙の良さは、文字を書くという行動が脳の記憶に残りやすく、また紙だと何度も目にしやすいことです。デジタルだと、検索性は紙よりも優れていますが、偶然目にすることがなくなります。

特に、夢とアイデアは、何度も目にすることで自分の意識に落とし込んでいけます。そして、何度も目にするたびに意識がブラッシュアップされ、解像度が上がってきます。

私は手帳のおかげで、起業してからやりたいことも夢も叶えてきました。そして、これからもきっと叶えていくと思います。私は「手帳は起業を加速させる最強ツール」だと思っています。

やりたいことや夢は、最終ゴールとして書くだけではなく、必ず夢の最初の一歩を今週のタスクとして手帳に書き込んでください。たとえば、家族で海外旅行に行きたいなと思ったら、最初の小さな一歩は「海外旅行先を調べる」が今週のタスクです。そうすることで、夢が現実になっていきます。

たくさんの自己啓発本に「夢は紙に書いたほうがいい」とあります。私は、それにプラスして、紙に書くだけでなく、いつも使っている手帳の今週のタスクの箇所に、「夢のその最初の小さな一歩」を書くことをおすすめします。

起業しても夢を宣言し続けるビッグマウスであれ

もうひとつ重要なことをお話しします。**夢ややりたいことは手帳に書くだけではなく、多くの人に話してください**。なぜなら、お金も情報もご縁も人しか運べないからです。

多くの人にあなたの夢ややりたいことを話すことで、それを聞いた誰かがあなたのために、それを叶えてくれそうなほかの誰かを紹介してくれたりします。

また、誰かを紹介してくれなくても、ヒントをくれたり、チャンスを運んできてくれたりする人が現れて、夢ややりたいことの現実化が一気に加速します。

そして、やりたいことや夢を語ると、実はもうひとついいことが起こります。自分のやりたいことや夢を多くの人に話をすればするほど、一番それを聞いている自分の頭の中に変化が生じます。

何度も人に言っているうちに、いい意味で夢なのか本当の話なのか自分でもわからなくなり、夢を現実のことのように脳が捉え始めるのです。そうなると、夢ややりたいことを現実化するために、一気にものごとが動き出します。

「大きな夢を話しても、叶えられなかったら格好悪いから言えない」という人もいますが、基本的に人は自分にしか興味がありません。誰もあなたが言ったことを細かく覚えてはいません。

また、手帳や紙に夢ややりたいことを書くだけだと、達成率が3割くらいかもしれませんが、口に出すことで達成率が8割になったとしたら、お得じゃないですか。

周りからビッグマウスと言われたとしても、夢を宣言し続けてください。そうすると、必ず数年後には、今の自分が信じられないような素敵なステージにいるはずです。

起業して、やりたいことはすべて実現してきた

私は、現在2社の法人を経営しています。1社は、法人向けにマーケティング・PR戦略支援事業と自分自身がキャリアとライフイベントで悩んだ経験から、国家資格キャリアコンサルタントの資格も取り、個人向けにキャリアと起業支援事業を行う会社です。

もう1社は、一般社団法人も立ち上げ、女性起業家が安心してチャレンジしやすい土壌作りを行い、共創イノベーションプラットフォームを運営しています。

会社以外にも個人的な活動として、大手出版社のWebメディアでコラムを連載、大手メディアから取材の依頼があったり、女性向けや起業したいママ向けのセミナーやイベント

などにも登壇したりする機会が増えました。そして、自分の本を出す夢も叶えることができました。

起業したことで、今では、好きな場所で、好きな仕事を、好きな人と、好きなだけ、好きな時間にできています。素敵なお客さまにも、優秀なビジネスパートナーにも恵まれ、自由とやりがいに満ちて日々を過ごせていて本当に幸せです。

数年前まで自分のキャリアに悩んでいたとは信じられないほど、人生が変わりました。

起業して好きと得意を生かしたアイデアを形にし、市場にマッチさせた事業（マイビジネス）を作ったことが人生を変えたのです。

起業は、確かに最初は苦労するかもしれませんが、マイビジネスが軌道に乗りさえすれば、思い描いていたとおりのお金、時間、やりたいことのすべてが手に入ります。

本書では、これからママになる人も、ママとして忙しくしている人も、会社員しか経験のない人でも、正しいステップを踏めば間違いなく起業することができ、自分の考えたアイデアを形にして、自分らしいキャリアとビジネスを築くことができる方法をお話しします。

ママになったからといって、やりたいことを我慢したり、キャリアアップを諦めたりする必要はありません。起業に興味があるのにチャレンジしないのはもったいないです。起業して頑張れば「お金」「時間」「住む場所」「人間関係」「精神的余裕」など、自分が希望するすべてのものを手に入れることが可能です。

起業したいけど、どうやったらいいかわからない人やなかなか動けない人が、少しでも勇気を出して最初の一歩を歩むきっかけに本書がなれば幸いです。

起業して、自分らしい人生を生きてみたいと思った気持ちを、今すぐ誰かに言ってみてください。きっと新たなステージへの扉が開きます。

一度きりの人生、なりたい自分になろう。
わがままに、欲張りに。

２０２５年３月

相坂《あいさか》 サオリ

『らしく起業』目次

第2章

起業なら子育ても仕事も「主役」になれる

第3章 マイビジネスの種の見つけ方

第4章

自然に売れ続ける魅力的な「商品・サービス」を作る

第5章

お客さまに愛され続ける「ブランディング」の設計

第6章

お客さまが途切れない「集客導線」の設計

第7章

月１００万円売り上げるロードマップ

おわりに

第1章

なぜ、ママになると仕事で「脇役」になってしまうのか

ワーママを苦しめるリアルな現実

「私って、もう会社に必要ないと思われているのかな?」

育休復帰後、Aさん(34歳)は、産休前に担当していたプロジェクトのリーダーに戻れるものと思っていました。

ところが、復職すると、自分は単なるサポート役であることに気づきました。復帰後もプロジェクトを引き継いだ後輩が、そのままプロジェクトリーダーとなり、ほかの新規プロジェクトでもメインメンバーになることはできませんでした。

会議室からプロジェクトのメインメンバーたちの楽しそうな笑い声が聞こえてくるたびに、惨めな気持ちがこみ上げてきました。

「産休までは会議の中心にいたのに」

一方、Bさん(40歳)は、復職後、仕事内容も量も産休前と変わらず、毎日髪を振り乱して仕事に没頭することになりました。

定時までに仕事を終わらせて、保育園に子どもを迎えにいかなければならないので、ランチに行く時間も惜しんで働きます。退社後も急いで保育園に向かい、会社でやり切れなかった仕事を家に持ち帰り、子どもが寝静まった22時頃から、大量の会社メールを捌き、会社でできなかった資料作り、平日の就寝はきまって深夜2時。

そして、翌日の朝6時に起床し、出社するまで育児をします。子どもが登園をぐずれば、大事な会議に遅刻することもたびたび。毎朝、子どものご機嫌を損ねないように神経をすり減らす日々を過ごしています。少しは休めると思う土日でも、翌週のご飯のストック作りで休む暇がありません。

そんな毎日を過ごしているBさんは、ついには軽いうつ状態になり、退職がよぎるほど精神が追い詰められてしまいました。

昨今、ワーキングママ（ワーママ）のキャリア形成が社会問題として広く注目されています。例に挙げた2人のワーママのように、育休から復職後、会社でのキャリアを思い通りに描けない人が多くいます。

「キャリア迷子」という言葉があります。キャリア迷子とは「自分のキャリアの方向性を見失った状態」と私は定義しています。

実際、私の経験や周りのワーママの話を聞いても、ママになる前後で**キャリア迷子になる人は多い**という印象があります。十数年前に比べて女性がママになっても会社で働きやすくなったとはいえ、まだまだ家庭の負担は女性に重くのしかかっています。

パートナーの転勤についていく、不妊治療、高齢の義両親の介護を担う、子どもが病気のときに仕事を早退する、小1の壁、子どもの不登校をケアするなど、家庭や子育てにおける「想定外」のことに対応するのは、いつも女性のほうだと思います。

その「想定外」のことが、女性のキャリアに大きく影響してしまいます。結婚前にパートナーときちんと自分のキャリアについて話し合いをしたにもかかわらず、結婚後は自分のキャリアなのに自由自在にキャリアを描けなくなるのは圧倒的に女性のほうです。

少しでもワーママを続けるためには、生まれてきてくれた子どもが心身ともに元気なこと、いざとなれば小さい子どもの世話をしてくれる両親が近くに住んでいることが重要なファクターとなります。この2つの条件が揃うかどうかでワーママとしてキャリアを積み重ねていけるかの難易度も変わります。

もし、この条件が揃わず、家庭内で想定外のことが起きると、自分が思い描きたいキャリアもあきらめなければいけなくなります。

でも私は、ママになったから、なにか想定外のことが起こったからといって、自分のキャリアをあきらめたり、妥協したりするのは違うと思っています。自分のなにかを犠牲にする必要はありません。

こんな女性とは違い、男性の場合、結婚しても、パパになっても、仕事と家庭の両方をうまくやりたいと考えることを欲張りとか贅沢とか言われないはずです。そして、多くの結婚している男性は、そのことが当たり前のこととして生活している人がほとんどです。

なぜそれが許されるのか。戦後から高度成長期にかけて、男性が大黒柱として専業主婦の妻を持って、定年まで働くという考えやそのために作られた古い社会の仕組みが、いまだに多くの人や企業や組織の中にあるからです。

男女雇用機会均等法ができて以来、会社内での男女平等が謳われ、夫婦共働きが浸透し、女性の活躍が期待されるようになってからでも、長年培われてきた男性優位の仕組みは、一朝一夕には改善することは困難です。

そして、女性が働こうとすれば、今でもこの古い社会の仕組みに無理やりねじ込まれるため、女性の生き方がとても息苦しくなっています。特にワーママのキャリア形成におけるさまざまな問題の原因となっています。

女性の人生に立ちはだかる「キャリアクライシス」

前述のAさんとBさんの事例は、復職後に今までと違う働き方に戸惑い、「キャリアクライシス」（これまで培ってきたキャリアを失いかねない危機に直面すること）を経験した例です。

一方、ママになる前にキャリアクライシスを経験するケースもあります。

私は不妊治療のため会社員をやめましたが、その時期がまさにキャリアクライシスでした。

私は、結婚後なかなか子どもを授かることができず、会社員として、忙しいけれどやりがいを持てる仕事を続けるかどうかにとても悩みました。なぜなら、子どもが欲しいと思ったときは、妊活を優先したゆったりした働き方をするほうがいいことはわかっていたからです。

しかし、仕事を頑張らないと今まで頑張って積み上げてきた実績やスキルが、すべて無駄になってしまうような気がして、怖くて妊活に踏み出せませんでした。

「本当は会社員をやめて、のんびり妊活をしたいけど、やめるのも怖い。ゆったり働くと仕事のやりがいも得られなくなり、今までの頑張りが無駄になってしまう……」

いっそのこと、やりがいなど求めず、働き方が柔軟なＩＴベンチャーや、フリーランスに挑戦するなど、自分の中でやりがいを担保しながら働く方法を模索していました。

しかし、転職しても、すぐに産休育休は取れません。すぐに取れないというよりは取りずらい、と言ったほうが正しいかもしれません。

転職先の仕事に慣れたり、新たな人間関係を構築したりしなければならないなどの問題もあり、働きやすい企業へ転職したとしても、妊娠が先延ばしになる可能性のほうが大きい。

そうなると、今より年齢を重ね、どんどん妊娠しづらくなるのではという不安もありました。

妊娠も転職もどちらもタイムリミットが迫っているように感じ、身動きの取れない状態でした。

独立することで危機的状況を回避

結局、私のキャリアクライシスは独立起業することで、身動きの取れない危機的状況を回避することができました。

実際に起業したことで、これまでに積み上げてきた実績、スキルを生かし、ライフイベントも充実させながら、会社員時代のようにやりがいが持てる仕事をし、時間的自由、経済的自由、精神的自由を手に入れることができました。プライベートでは幼い2人の娘のママをしています。

また、起業当初はフリーランスでしたが、その後ビジネスも順調に推移したので会社を設立し、多くの人の信用もいただきお客さまが増えました。会社が忙しくても、煩わし人間関係がないので精神的、時間的な余裕もあり、子どもがいてもストレスを感じながら働くことはありません。

子育ての話をすれば、ほかのワーママのみなさんと同じだと思います。子どもは保育園でよく熱を出して早退しますし、すぐ休みます。朝もぐずって登園準備に時間がかかるときもよくあります。夜の寝かしつけまで本当に体力を使います。

でも、**起業して自由に働けるため、時間的余裕も精神的余裕もあり、イライラすることは少なくなりました。**

ただ、起業、出産を経て、今のようなある意味穏やかな生活ができるようになるまでには、いろいろとありました。

次に、私が実際に会社をやめ起業した後、どのような道をたどって今に至るか、初めの大きな一歩についてお話しします。

フリーランスにチャレンジ

本格的な不妊治療を始めてから妊娠するまで、第一子は半年、第二子は1年半かかりました。合計すると約2年、金額にして数百万ほど不妊治療に時間とお金を費やしました。

当時の私は、すでに会社員はやめていたので、時間のやりくりはしやすかったです。しかし、不妊治療をしているとどうしても時間の融通が利かないので、あらためてフルタイムの会社員として働くのは難しいと判断しました。

不妊治療をしながら自分のやりたいことをやるにはどうしたらいいのか、そう考えたとき、一番時間の融通が利き、やりがいがあって、お金もきちんと稼げる働き方は「フリーランス」しかないと考えるようになりました。

「フリーランスって、不安定だし、育休手当もないよね……」
「そもそもフリーランスでなにをするの？」
「自分のスキルで食べていけるんだろうか……」

不安がないと言えば嘘になりますが、私は自分のライフイベントと両立させて、必ずキャリアも築くことを自分に誓いました。

もともと大手広告代理店で激務の職場で働いていたこともあり、仕事に対してのプライドもあり、何もしていないような自分に耐えられなかったのです。もし会社員に戻ろうと思うときが来ても、職歴に空白の期間ができるよりは、フリーランスとして仕事をしていれば必ず評価されるはずという目論見もありました。

そうして私は、フリーランスにチャレンジすることにしました。しかし、どんなビジネスをしていくかについては、ほとんど考えていませんでした。

用意周到な人なら、会社員時代に専門的なスキルを身に着け、その人脈をそのまま引き継ぎ、独立するという流れかと思います。

しかし、私の場合は、不妊治療のこともあり、「フリーランスしか時間の融通を利かせながら働くことができない」という消去法での選択でフリーランスとしての第一歩を踏み出しました。たった一人、前途に明かりが見えない状態でのスタートで、本当に心細かったことを覚えています。

フリーランスになることを決めたものの、初めは何が自分にできるかわかりませんでした。なぜなら、専門性がなかったからです。大きな組織で大きな仕事をやっていたのに、専門性を身につけられていなかったのです。

広告代理店時代にやっていたディレクション業務は、さまざまな社内部署や外部の会社、フリーランスの人たちに指示を出す仕事でした。ある意味、専門性がなくても仕事を動かしていけます。

しかし、デザイナーやイラストレーター、ライター、タレント、モデルなどのフリーランスの仕事は、専門性を持ち、それを形にしていく仕事です。

起業した頃は、自分は今まで仕事をバリバリやってきて、それこそ誰もが知っている企業の大型プロモーションもやってきたというというプライドもあったので、何もできない自分にショックでした。

また、この時期、専門性のない自分を横目に、小さなＷｅｂ制作会社から独立されたＷｅｂディレクターの人が、私よりたくさんの仕事を受注しているのを見て悔しい思いをしたものです。

「専門性はないけど、根性とやる気だけはある。独立して生きていくために思いつくことはすべてやっていこう」

スタートアップ系のイベントにもたくさん参加しました。Ｗｅｂデザインのスクールにも通いました。就職活動みたいに自分は何がやりたくて、何が得意で、何が多くの人に求められるか、手探りで行動し続けたのです。

自分が今までの会社員生活で身につけてきたスキルを、ビジネスからプライベート利用まで、個人のスキルを気軽に売り買いできる日本最大級のスキルマーケットの「ココナラ」に出品もしました。

初めての出品は資料作成でした。実績がなかったので、１０００円で依頼された資料をパワーポイントで20ページにまとめる作業を請け負うことから始めました。このパワーポイントでの資料作りは価格設定のよさもあり、お客さまに大変喜んでいただけました。

しかし、時給換算すればコンビニのバイトよりも安いです。でも、自分の力で初めて受注したときの嬉しさは今でも忘れられません。

手探りでフリーランスとして数年活動しているうちに、だんだん自分の強みや多くの人が求めていることがわかってきました。そして、自分に足りないスキルがある場合は、勉強して必要なスキルを身につければ、それがまた武器になり、自分自身のブランド価値もどんどん上がっていくことも学びました。

このように実際にフリーランスとしての生活が始まってみると、フリーランスは心配よりもやりがいのほうが大きいというのが正直な感想です。もちろん、独立して自分の力で働くということがどんなに大変かは予想していましたし、予想以上の大変さも経験しました。

しかし、それにも勝るやりがいや充実感がありました。会社員の頃は、だれかに自分人生が操られているという感覚ですが、自分のビジネスをスタートしてからは、会社員の頃には経験したことのなかった**「自分の人生の主導権を握る」**という感覚がわかるようになりました。一度、その感覚を知ってしまったら、会社員には戻れないと思うようにもなったものです。

多くの人は、なにか大きな人生の節目やきっかけがあったとしても、会社員として定年まで勤めあげるという一般的なレールから外れることはないと思います。私は、不妊治療がきっかけでしたが、会社員のレールを外れることになりました。

しかし、この「自分の人生の主導権を握る」という感覚は、言葉では言い尽くせないほど素晴らしいものです。私は、一人でも多くの人、特にワーママにこの感覚を味わってもらいたいのです。

やりたい仕事を我慢したり、キャリアアップを諦めたりする必要はない！

起業したら、働く時間も働く場所も自由になります。そして、何を仕事にしてもいいし、誰と仕事をしてもいいのです。

出産してからも働き続ける人が増えましたが、ママになっても経済的自由、時間的自由、精神的自由のすべてを叶える働き方は起業ではないかと思います。

ママとして会社員として働く場合は、「お金」と「やりがい」は手に入るかもしれませんが、「時間」「場所」はおそらくなかなか自由が利かないと思います。最近は、リモートワークも普及したので、オフィスか自宅かのどちらかで仕事をするという自由はあります。

しかし、住む場所の自由は、会社員だとよっぽど恵まれた条件の会社以外なかなか得るのが難しいと思います。

会社員でガッツリ働かなくても、子育てしながらパート・派遣などでゆるく働く場合は、「時間」は手に入るかもしれません。しかし、「時間」もシフトに縛られます。「お金」は会社員よりはおそらく減るケースが多く、「場所」「やりがい」はなかなか得ることが難しいでしょう。

そして、専業主婦の場合は、「時間」は手に入っても、「お金」「場所」は選べず、仕事での「やりがい」を得るのは難しいのではないでしょうか。

もちろん、家のことや育児でやりがいを感じる人もいらっしゃると思います。働いていないと子どもも保育園に預けられないので、自分の時間という意味では「時間」もないかもしれません。

しかし、**起業すると、ママでも「お金」も「時間」も「場所の自由」も「やりがい」も「人間関係」もすべて手に入ります**。それは自分ですべて決められるからです。

ママになったからといって、「マミートラック」（産休・育休復帰後、女性社員が比較的軽い業務や補佐的な業務の担当となり、出世コースから外れてしまう状況）のようにやりがいがなくなることも、家庭との両立に疲弊することもありません。そして、起業したら、やりたい仕事を我慢してキャリアアップを諦めることもないのです。

これから生き残るキャリアの2つの選択肢

ご存じの通り、これからの日本は少子高齢化がより顕著になり、それに伴う増税や慢性的な人手不足など、抱える問題が多いです。最近は円安や物価高も著しく、長きにわたる日本経済の低迷で平均給与はどんどん下がり続けています。

そんな時流の中で、定年まで同じ会社で働ける人はどれくらいいるのでしょうか。今いる会社が、倒産しない、もしくは倒産しなくても定年まで自分自身が今の会社で働き続けられるという条件に該当すると自信を持って言えますか。そして、その定年の年齢自体も70歳とか75歳に伸びると言われています。

これから労働人口の減少がより顕在化し、人手不足によって今まで正社員で賄っていた仕事をアウトソーシングする会社は今後もっと増える見込みです。実際、少し前まではプログラマーやWebデザイナーなどの高度なスキルや特殊なスキルを持つ一部のフリーランスしか仕事がありませんでした。

しかし最近では、人事、広報、営業、経理、事務など、いわゆる一般の文系の人が就くような職種でも業務委託する会社が増えました。増えた背景には、企業競争力の強化や人件費を抑えることが目的と考えられます。

これからは、特殊なスキルがなくても普通の会社員として専門のキャリアがあれば、独立して稼いでいくことができるという裏付けとなるでしょう。

今までは起業することのハードルが高かったのですが、やり方さえわかれば、普通の会社員の経験しかなくても、誰でも独立できる時代になりました。

この先行き不透明な時代を生き残るための方法は主に2つあります。

1つは、スキルを磨き続け、実績を積み、「どこでも通用するスキル」を身につけること。

もう1つは、自分の好きと得意を生かしたアイデアを市場にマッチさせた「自分の事業」（マイビジネス）を持つことです。

どこでも通用するスキルを身につけると、さまざまな企業を転職、もしくはフリーランスとして渡り歩けるだけの専門スキルの高さゆえに、好待遇で働き続けることができます。

また、自分の事業（マイビジネス）を持つと、時給ではなく、仕組みや組織として収益を上げることができるので、時間もお金も自由も手に入ります。

もちろん会社員で働くメリットもあり、手厚い福利厚生や雇用規制で守られているので、よっぽどのことがない限りクビになりません。

しかし、それは逆に言うと働かない社員でも解雇されないので、その人たちの分まで普通に頑張っている社員が割を食って、結局給料は低く抑えられているのです。

でも、独立すれば、収入も青天井で、自分が働くときも休むときも自由に決められます。年齢が上がっても働き続けられます。

自分ですべてコントロールでき、ルールすらも自分で作れるので、自分にすべての決定権があります。

給料、休み、仕事内容、人間関係などを会社に決められた人生と、それらをすべて自分で決める人生、どちらが安定しますか。

「人生の幸福度」は、独立後のほうが圧倒的に高い！

ママになっても自分らしく、自由に幸せに働くにはどうすればいいでしょうか。

答えは、**会社に自分の人生を委ねず、自分主体でビジネスをしていく**ことです。そうすると、**収入、働く時間、働く場所、仕事内容、人間関係も、すべて自分の思い通り**です。

それはなぜかというと、**自分が会社や仕事、ルールを作る側に回るからです。自分に合わせた働き方ができ、人生でどんなことが起きても柔軟にキャリアを継続できます。**

なので、ママになったからといって、マミートラックのようにやりがいがなくなることもなく、仕事量が多く両立に疲弊することもなくなります。

それはつまり、子どものことで早退して謝ることもなく、キャリアアップを諦めることもなく、子どもと向き合う時間もしっかりとれて、ワンオペ育児にも対応でき、夫婦関係も円満で、自分らしく幸せで思い通りの人生を送れるということです。

私自身の経験からも、「人生の幸福度」は、会社員のときよりも独立後のほうが圧倒的に高いです。

独立した後に、二度妊娠・出産を経ても、緩急つけて働けるし、子どもと向き合う時間もしっかり取れています。たとえば、子どものイヤイヤ期に登園時間を遅らせても精神的余裕があり、そのためか、子どもも安心していると感じます。

もちろん、独立してから特に最初は大変なこともあるかもしれません。一度、正社員を手放すとなかなか戻れないとも言われています。

しかし、一度きりの人生、ママになったからといって、仕事を我慢したり、諦めたりする必要はないと思っています。起業に興味があるならぜひチャレンジしてみてください。飛び込むのに勇気がいるのもわかります。過去の私がそうでした。

もし、やってみてダメだったら、向いていないと思ったら、また会社員に戻ればいいのです。

起業にチャレンジして仕事をしていたならば、ブランクにはなりません。ちゃんと実績として転職時に評価してもらえます。

ワーママとして毎日歯を食いしばって働いているのであれば、一度視野を広げて会社員以外の働き方に目を向けてみてはいかがでしょうか。きっと自分らしく幸せに働く方法が見つかると思います。

第1章の実践ポイント

- ✓キャリアのモヤモヤはノートにたくさん書く
- ✓キャリアの選択肢をすべて洗い出す
- ✓キャリアの選択肢すべてのメリット・デメリットを洗い出す
- ✓自分の進みたい道に進んだ人に会いに行く
- ✓死ぬときどんなことに後悔するか考える
- ✓なぜ起業したいのか理由をたくさん書く

第2章

起業なら子育ても仕事も「主役」になれる

起業は「ママだから戦力外」の世界ではない

私は独立してから、二度出産を挟んでいます。しかし、ママだからという理由で一度も仕事上で不利になったことはありません。自分から体調や状況に応じてお断りをしたことはありますが、先方から「ママだから」「妊娠出産を控えているから」という理由で失注（受注に失敗すること）したことは一度もありません。

理由は明確で、仕事の依頼主からすると、フリーランスや法人に仕事を依頼する際は「お願いした仕事をきちんと満足の行く形で納期までに仕上げればＯＫ」だからです。そこには、ママであることや、時間の有無など先方には一切関係がありません。

ましてや、仕事を受けた本人が必ず作業しなければいけないということもないのです。チームとしてきちんと仕上がってさえいれば、クライアントは満足します。

とてもシビアでもありますが、フェアな世界です。

業務委託で時間を決めて働く以外は、ママになったとしても不利に働くことはまずありません。自分で案件数も決められるので、忙しさもコントロールできます。

納期までに帳尻合わせができればいいのです。

会社員だと、どうでしょうか。一概には言えませんが、ママだからプロジェクトリーダーを任せてもらえないとか、クライアントの窓口の担当を外されたとか、管理職に推してもらえないとか……、本当によく聞きます。

起業していれば、ママでも、

- 第一線で頑張れて、自分の裁量で仕事量すら調整できる
- 決して業務量でパンクすることなく、自分らしく働ける
- キャリアも時間的自由も諦めない

そんな魅力が起業には詰まっています。

「お金・時間・場所・やりがい・人間関係」がすべて手に入る

前述したように、起業したら、「お金」「時間」「場所」「やりがい」「人間関係」までもすべて、「制約なし」で自由に働けます。では、それがどういうことか具体的にお話しします。

青天井でいくらでも稼げる「お金」の自由

まずは、「お金」ですが、いくらでも稼げます。

会社員だと大手企業に勤めるエリートサラリーマンだとしても、せいぜい年収1000万円から数千万円かと思います。日本は累進課税のため、収入が増えれば増えるほど手取り分の割合が減ります。

一方、起業してしまえば、売り上げに波はあるかもしれませんが、億単位で稼ぐことも十分可能です。

また、時給という概念すらないので、安定すればチームや組織で売り上げを立てて、自分は少しの労働時間ということも可能です。会社員だと、決まった給料しかもらえませんが、起業してしまえば、稼げる「お金」も青天井です。

そして、会社員として出世していって役員になれたとしても、大手企業の役員でも報酬が数千万から1億くらいだと思います。優秀なライバルの多い出世競争で上を目指すより、自分で起業して手に入れるほうが手っ取り早いのです。

好きなときに好きなだけ働ける・休める最強の「時間」の自由

起業すると、いつでも働けるし、いつでも休めるようになります。

その気になれば、1年のうち半年働いて半年バカンスということもできます。子育て中のママとも相性がいい働き方で、子どもや家族の状況に応じて働く時間も自由に選べます。

1日8時間働かなくてもいいし、平日は毎日働かなくてもいいのです。しかも、子どもが保育園や学校の間は、仕事の手が空いたら、一人でリフレッシュできます。

私は時々余裕があれば、インプットデーと称して平日の昼間に映画を見に行ったり、ショッピングしたりします。そして、働きたいときは思いっきり働けます。働き方の自由度は幸福感を高めます。

海外移住も夢じゃない「場所」の自由

「時間」だけではなく、働く「場所」も自由です。

オフィスを構えて出社義務にしない限り、地方にいても海外にいてもどこでも仕事ができます。会社員ワーママだとパートナーの転勤で、会社をやめて帯同される人が多いと思います。

しかし、起業していたら、今はオンラインで転居先でも仕事を続けられます。

最近では「地方移住」や「海外移住」も簡単に叶います。オンラインでどこにいても人と会え、時差を利用して仕事を請け負うこともできます。子どもの夏休みに合わせて、ハワイに1カ月プチ移住みたいなこともできる夢みたいな働き方です。

仕事の幅は無限大！　自分の可能性が拡がる「やりがい」の自由

会社員だと、担当部署や担当業務が決まっていて、自分のやる仕事は会社に決められています。しかし、起業したら自由に仕事を作れたり選べたりします。

数カ月ごとに新規事業にチャレンジすることもできます。突然の思いもよらないオファーが来て、新たな自分の才能に気づくこともあるのではないでしょうか。そうやって自分に来たオファーにチャレンジし続けると、どんどん自分自身の成長を感じます。


自分で仕事を選べるということは、会社員の頃とは桁違いにやりがいを感じます。仕事内容もジャンルも自分で決められるので、仕事への愛着もでき、むしろやりがいしかない世界です。誰かに指示された仕事と違って、モチベーションが全然違います。

好きな仕事を頑張れば頑張るほど売り上げになって返ってくるので、いつまでも仕事をしたくなってしまいます。働かなくてはならないという義務感ではなく、心から仕事が楽しくて、遊びの延長やゲーム感覚にすらなるのです。

ストレスフリーで怖いものなしの「人間関係」の自由

そして、会社員のストレスの原因ワースト1位が人間関係ですが、起業したらその「人間関係」ですら自由になります。

誰と働くか、誰に仕事を依頼するか、誰をお客さまにするか、すべての決定権は自分にあります。正直、私が起業してから一番のメリットに感じたのが人間関係です。

しかも、自分を評価する上司もいないので、失敗して評価が下がることもありません。失敗が怖くなくなり、たくさんチャレンジができます。人間関係がストレスフリー過ぎて、休みの日に仕事のことでネガティブに悩むことがぐっと減りました。

定年がないので、メリハリつけてやりたい仕事で長く働ける

女性は「産む側」の性なので、女性のほうが男性と比較してキャリア形成において子どもを持つことの影響が大きいです。当然、妊娠・出産では身体に負担がかかるし、出産後も育

児の中心は女性という家庭が多いです。

なので、多くの女性の人生に妊娠出産が訪れ、育児も経験し、そして場合によっては介護まであるかもしれません。

つまり、仕事よりも家庭に比重を置く期間が人生で何度もあるということです。

そんな中で、毎週5日、フルタイムで定年まで働き続けるためにはいくつものハードルを越えなければいけないでしょう。

ある人は結婚で、ある人は出産で、ある人は育児で……どこかのタイミングでふるいにかけられるようにだんだんフルタイムで働き続けられる人が限られてきます。


昨今状況はだいぶ改善されつつありますが、まだまだ一度正社員を手放したらなかなか元の待遇に戻れないのが日本の雇用の風潮です。

育児中は子ども優先にして、育児が落ち着いたらまたバリバリ働きたいと思っても、ブランクがあると働き口がパート等になり、なかなか思い通りの職に就けないというのが現状です。


一方、起業すれば、いつ働くかも、いつ休むかも自分で決められるし、自由です。週単位や月単位でのメリハリではなく、年単位でメリハリつけることもできます。

なので、子どものことを優先にしたいと思ったら、年単位で休んで、また数年後にバリバリ復帰することも可能です。雇われないので年齢のせいで不採用になるなんてこともありません。定年すらないので、働きたいと思った年齢まで働けるのです。

やりたい仕事でやりがいを感じ、一生働けるなんて幸せだと思いませんか。

起業ほど、女性の人生にマッチした働き方はありません。起業は、女性の人生にベストマッチな「一生モノ」の仕事なのです。

企業に雇用されていたら、定年すらも70歳、75歳に伸びそうな時代に、定年まで会社員として同じような毎日をなんとなく過ごしますか。

今、起業してキャリアチェンジしても、まだ先は長いので、何度も挑戦できます。もし違うなと思っても引き返せます。一度の人生、どう働くのが一番自分にとって幸せか考えてみてください。

夫婦で描く「キャリアポートフォリオ」という戦略

令和になって、働き方の価値観も多様化し、またリモートワークなども普及したので、一昔前に比べると働き方の自由度が増しました。自分で働き方を選びやすくなりました。しかし、この先行き不透明な時代ではキャリアのリスク分散も必要です。

「キャリアポートフォリオ」という言葉をご存じでしょうか。

「キャリアポートフォリオ」とは、本業のみならず副業なども掛け合わせ、キャリアのリスク分散を行いながら、最大リターンとやりがいを追求しながら自分オリジナルのキャリアの組み合わせにすることです。

通常は個人のキャリアでのポートフォリオですが、パートナーがいれば、それを家庭内で考えることをおすすめします。

最近では、副業をする人も増えました。副業をするメリットは、本業で安定収入を得ながら、本業では手にできないような収益ややりがい、経験等を得ることができます。自分の新たなスキルや才能にも気づくこともあり、副産物が多いです。

家庭内で、どちらか一方が本業で安定的な収入源を確保し、もう一方が起業したら、本業と副業のいいとこ取りができているような状況と同じです。

会社員同士の夫婦よりも、収入的にも上を目指せます。また、起業した側の時間的柔軟性も高いので、家庭のオペレーション的にも時間的融通が利きやすいです。

「起業家ママ×会社員パパ」は、メリットしかない

私たち夫婦は、「起業家ママ×会社員パパ」です。主人は、会社員なので毎月安定した給料があり、毎年昇給もあり、福利厚生も手厚いです。

しかし、年功序列も色濃く、毎年昇給があると言っても少しずつしか給料は上がりません。そして、昇給額よりも税金の増え方のほうが大きいせいで、実質の手取りの増加で言うと微々たるものです。

会社員同士の夫婦だとある程度収入の天井は決まりますが、夫婦のうちどちらかが独立していれば青天井で、収入的にも夢があります。

また、起業していると、時間的自由度が高く、子どもに何かあったら調整してすぐに対応できるので、家庭のオペレーションの柔軟さもあります。バリバリ働く会社員の夫婦だと、時間的な余裕もなく、何かトラブルや想定外の出来事があるとオペレーションはすぐに破綻するでしょう。

もし、ご主人が会社員で毎月安定した給料を貰っているならば、あなた自身も毎月決まっ

た分稼ぎ続けなければいけないことはないはずです。あなたが起業して、収入アップし、時間的自由を手に入れることでより家族全体で幸せになるのです。

「マイビジネス」を持てば、人生を自由にわがままに生きられる！

「人生の主導権を握れる」とはどんな状態でしょうか。それは、簡単に言うと「自分の生き方を自分で決められる」ことだと思います。働くのも自由、休むのも自由、何を仕事にするのも自由、誰と仕事するのも自由、いくら稼ぎたいかも自由に決められます。

つまり、「人生すべて自分の思い通りになる」ということです。自分で決められることが圧倒的に増えるので、とても幸福度がアップします。

一度きりの人生、せっかくならやりたいことを自由にできるわがままな人生を送りたくありませんか。それが、マイビジネスを持つことで叶います。人生の悩み事の9割くらいを解決できるほど人生にインパクトを与えるのではないでしょうか。

そのためのマイビジネスです。マイビジネスの作り方、育て方は、次章から具体的にお話しします。ぜひ、今すぐマイビジネスを立ち上げて、お金も時間も手に入れて、人生エンジョイしましょう！

第2章の実践ポイント

- ✓起業して叶えたいことを書く
  - ・理想の収入
  - ・理想の時間の使い方
  - ・働きたい場所
  - ・やりがいを感じる仕事
  - ・一緒に働きたい人
- ✓いつまでどんな風に働きたいか書く
- ✓30年後までのライフプランを書く
- ✓死ぬ前にやりたいことリスト100個書く
- ✓夫婦のキャリアポートフォリオを描く

第3章

マイビジネスの種の見つけ方

マイビジネスが上手くいくための5原則

では、第3章からは、具体的な起業のステップをお話ししていきます。まずは、マイビジネスが上手くいくための5原則です。

原則1　起業する前にライフビジョンを考える

ライフビジョンとは、自分の人生のゴール(＝死ぬとき)を見据え、どう生きたいか、どんな人生にしていきたいかを明確にしたビジョンや価値観と私は定義します。

自分が人生で何を成し遂げたいのか、自分が何を手に入れたいのか、自分が人生でどんな充実感を味わいたいのかなど、一度しっかり自分と向き合いましょう。そして、起業して何を得たいのか、何を達成したいのか、一度、整理してみましょう。

ステップ❶　自分史を深掘りし、自分の大切にしている価値観を知る

まず、自分の今までの人生を振り返ります。幼少期から今までどんな出来事やターニングポイントがあったか、その都度どう選択し、どう判断したかを深掘りします。

ステップ❷　出てきた価値観を5～10個程度に絞る

たくさん出てきた価値観の言葉があると思いますが、それらを見直します。似通った言葉は統合し、優先度の低い価値観は削除し、5～10個程度に絞ります。

ステップ❸　価値観を優先順位順に並べる

5～10個程度に絞った価値観を優先順位順に並べます。並べる理由は、相反する選択肢が出てきたときに、どっちを優先すべきか判断に迷わなくするためです。

ステップ❹　抽象度の高い価値観ワードを明文化する

価値観の優先順位付けができたら、それぞれの価値観の説明文を作ります。理由は、価値観ワードだけでは曖昧で、自分自身も認識しづらくなるからです。

ステップ❺　毎日見て、定期的にブラッシュアップする

最後に、出来上がった価値観（ライフビジョン）は、手帳やスマホなど毎日目にするところに書き、常に意識できるようにします。

原則2 起業に必要なマインドセット

起業初期は、想像以上に大変なことと面倒くさいことが多いのも事実です。起業するとさまざまな自由が手に入るとお話ししましたが、そこに至るまでに乗り越えないといけない壁がいくつもあります。

そんな困難が訪れたときに、諦める人とそれでも頑張って続けられる人の違いは何でしょうか。違いはこの1つではないかと思います。

それは、明確な目的があるかどうかです。目的というのは、「なぜこのビジネスをするのか」「なぜこのビジネスを世の中に価値提供したいのか」の2点あると思います。

目的❶ 自分はなぜ起業するのか、なぜこのビジネスをするのか

目的は、自分が信念を持って突き進める目的であれば何でもよいと思っています。

自分の心の奥底から湧き出る明確な目的がないと、情熱を燃やし続けることはできないと私は考えます。起業したい理由、起業しないといけない理由を書き出します。

目的❷ なぜこのビジネスを世の中に価値提供したいのか

世の中に対する目的は使命になります。人は自分だけのためには頑張り続けられないと思います。

「自分がやらないと、困っている人がいる」「自分のことや自分のサービスを待っている人がいる」と思えるだけで、諦めない覚悟が決まります。

また、起業において会社員の頃のプライドは捨てるということが重要です。

起業すると、会社員の頃の仕事のやり方も見られ方もスピード感も全部が異なります。特に大手企業出身の方は注意が必要です。起業初期は実績もないので、初めは低単価からスタートします。

会社の看板もないので、新規営業を行ってもむげに扱われて悔しい思いをするというのはよくある話です。

自分のやった仕事を時給換算すると会社員の頃の給料より安く悲しい思いをすることもあります。会社員の頃と違い大きな仕事もできなくなったりします。

「自分は何をやっているんだろう……」

「こんなことをするために起業したのだろうか……」

これらは会社員から起業した人の誰もが通る道だと思ってください。

原則3　起業が上手くいく逆張り戦略

逆張り戦略❶　小さく始めて何度もチャレンジする

今成功しているように見える起業家も、初めての事業から今の事業を当てたと思いますか。初めの事業から当たりを引ける方も中にはいますが、おそらくほとんどの人が、やりながらピボット(方向転換や路線変更)や、複数事業を経て今の事業にたどり着いているのではないでしょうか。

事業をやってみて、どこか違うと思ったら、方向転換すればいいのです。ビジネスは一発目で勝負しすぎない、気負いすぎない、軽く出してみるが鉄則です。

また、初めの事業で失敗しても諦めないことが重要です。そこで諦めたらもったいないです。勝つまでやり続けることが、シンプルですが王道です。

逆張り戦略❷　他の人がやらないことをやる

ビジネスで成功するには、以下の3つの条件が必要だと思っています。

- 誰もがやらない量でやるか
- 誰もができない質でやるか
- 誰もがやらないことをやるか

起業が上手くいく人は、この3つのうちどれかが突出しています。

ここで、少し残酷なお話しをしますが、普段忙しいママは、「誰もがやらない量でやる」ことは、20代の独身男性に比べたらまず難しいです。「誰もができない質でやる」ことも、元々スキルや専門性がある人以外は時間がかかるでしょう。

でも、「誰もがやらないことをやる」ことは、知恵を絞り、アイデアで勝負できるので、忙しいママでもできます。他のライバルより時間がないことを認めて、忙しいママでも勝てる戦略を立てましょう。

あとは、「誰もがやりたくないことをやる」のもおすすめです。

正直、営業とか怖いですよね。でも、他の人がやりたがらないことや面倒くさいと思うことをやるのも成功への近道です。

実は、この出版も自分から動いて決めました。他の人は自分からアプローチしないと思います。でも動けば、何か必ず成果を得られます。チャンスが来るまで待たない。自分からチャンスを掴みに行く姿勢が重要です。

「自分からプロポーズする女になろう」

私が最近好きな言葉です。
他の人がやらないことをやって、自分からチャンスをつかみに行く行動力が起業には必要です。

逆張り戦略❸ 短期的目線ではなく、長期目線で考える

起業は長期戦です。短期戦になると、それはいわゆる「一発屋」になります。起業は、短期的目線で考えず、長期目線でビジネスを見ることが大切です。起業して、周りはすぐに結果が出て自分だけ結果が出ないと焦りますよね。
ビジネスは指数関数的に伸びます。伸び方が一定ではないのです。じわじわと小さな成果を積み重ねていくと、あるときを境に一気に跳ねたりします。

会社員時代の給料より低いのも最初だけです。短期的な目線に惑わされず、長期目線で考えることが大切です。

原則4　やりたいことがわからない人に必要なこと

これから起業したい人が私のところにご相談に来てくださるのですが、よく聞く悩み事がこちらです。

「やりたいことがわからない」
「やりたいことが多すぎて、結局何をしたらいいかわからない」

実際にご相談に来る人とはこのようなやりとりをすることが多いです。

私　「やってみたいと思ったことは何ですか？」
お客さま「○○と△△と□□に興味はありますが、どれ

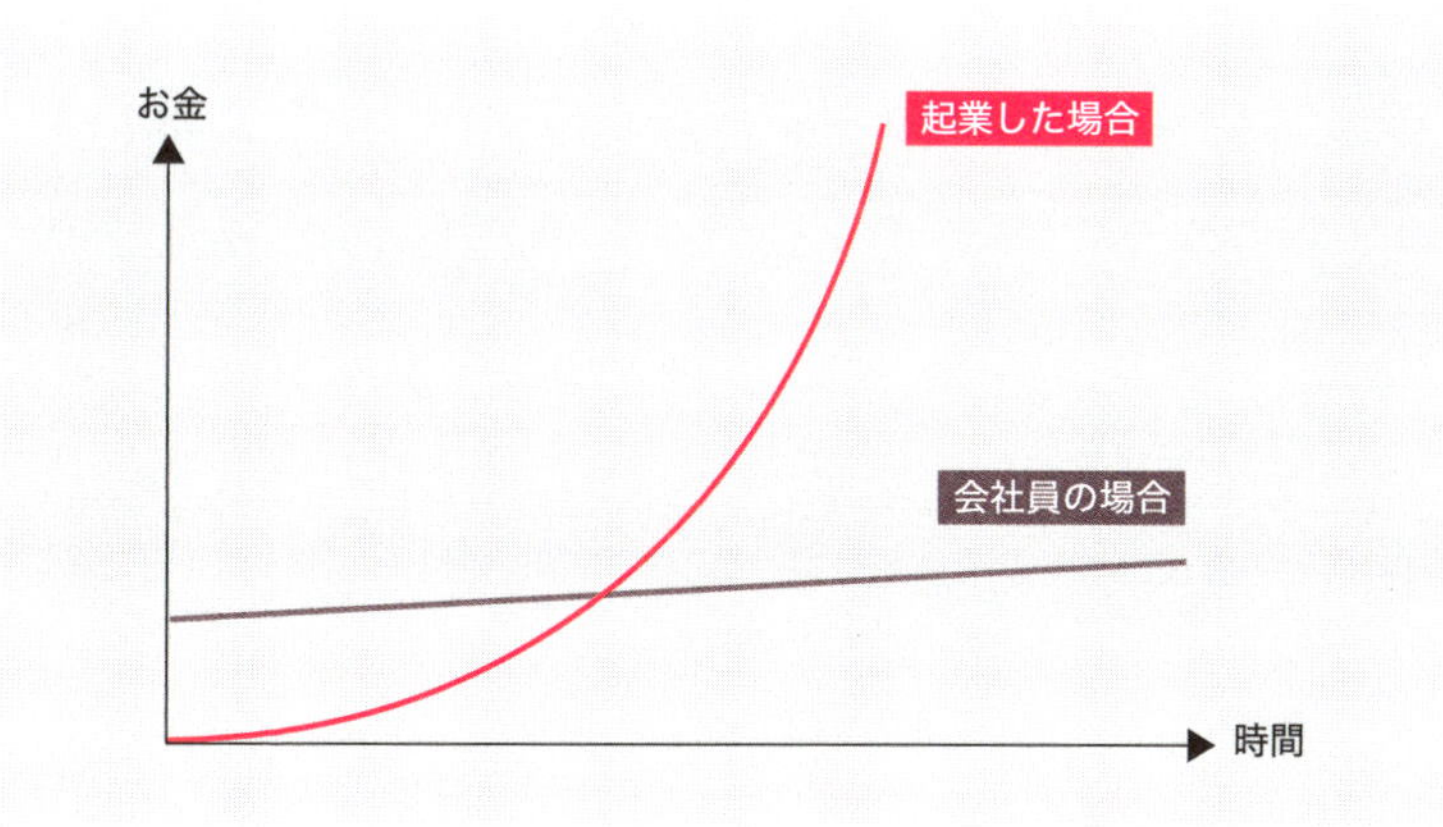

がやりたいかわかりません」
私「どれかすでにやっていたりしますか？」
お客さま「いいえ、どれがやりたいかわからないから何もやっていません……」

本当にやりたいことだったら、すでにやっているはずです。「やりたいことがわからない」というのは、単に挑戦不足なだけだと思います。もう少し言葉の解像度を上げると、「やりたいことを机上で悩み続けているけど、実際に行動していないから良し悪しも向き不向きも何もわからない」だと思います。

私も独立を目指す前後で、Ｗｅｂデザインとライティングに挑戦しました。しかし、どちらも実際にやってみて向いていないことがわかりました。Ｗｅｂデザインはピクセル単位で精微なデザインにこだわれませんでした。ライティングは、自分の文章を書くのは好きでしたが、誰かのための文章を書くことは好きではなかったです。

これは時間の無駄でしたでしょうか。いいえ、やってみて向いていないことがわかったので、もうこの先の人生で「やってみたい」と悩むことがなくなったのでＯＫです。

もう一点大事なことが、初めから１００点満点のやりたいことを探さないこと。なので、

70点、80点くらいのやりたいことでもぜひ挑戦してみてください。

原則5　起業に挑戦する前に大切な土台作り

今の自分は、過去の選択でできています。過去のお金と時間の使い方でできていると言ってもよいと思います。特に、これから起業する人は、今までのお金と時間の使い方をガラッと変える必要があります。

これからやって頂きたいのが、「お金と時間の断捨離」です。これから起業するためにお金も時間も投資する必要があります。

ステップ❶　今の時間とお金の使い方を可視化する

1週間や1カ月で期間を区切って、何にどれくらい時間とお金を使っているか、書き出します。ムダを可視化して、起業へのチャレンジに投資しましょう。

ステップ❷　今の時間とお金のムダを何に充てるか考える

時間とお金の可視化ができたら、ムダになっていた部分を削って、どんな有効な使い方ができるか考えましょう。起業初期は特に時間をかけたもの勝ちという側面があります。時間の使い方を意識することが重要になってきます。

ステップ❸　生活の基盤を整える

起業の意志が固まったら、日々の生活基盤も見直しましょう。忙しい毎日の中で少しでも多く起業へのチャレンジの時間に充てるために、時短できるものはどんどん頼ります。

たとえば、時短家電を購入すると、家事の時間を減らせます。一度買ってしまえば毎日数十分から数時間ほど時間が浮きます。その浮いた時間で起業へのチャレンジや体力温存の時間に充てられます。

そして、自分や家族の中でも明確なルールを作ります。本業とは異なり、自分でビジネスをすると、いくらでも働けるので、図らずもセルフブラック労働化する可能性も孕んでいます。

「子どもの学校行事には必ず参加する」「子どもと一緒にいるときは、仕事のためにスマホを触らない」など、ルールを明確化しましょう。生活の仕組みとルール化で、環境を整え、起業に挑む土台作りからスタートです！

はじめての起業は、ありきたりなビジネスモデルでいい

あなたは、起業するとなると、「尖っていて面白くて今までにないビジネスを出さないといけない」と思っていませんか。

かつての私はそうでした。自分が思いつくことはありきたりなアイデアばかりで、調べるとすでに誰かがやっていました。「こんなことで起業するって言っていいのかな？」とすら思った記憶があります。

しかし、それでいいのです。新進気鋭なスタートアップでもやらない限り、起業した人たちの多くは、すでにあるビジネスモデルからチャレンジしています。

一見、目新しいと感じるビジネスも、既存のビジネスとビジネスの組み合わせで、市場やターゲットを絞り、ずらすことでニッチなポジションをとっているだけです。

これから起業にチャレンジされる人が初手で行うビジネスに、奇抜さ、目新しさはいらないのです。はじめから唯一無二である必要はありません。

なぜ、はじめての起業で、すでにあるビジネスモデルをおすすめしているかというと、誰かがすでにやっていて競合がいる市場は、需要がある可能性が高いからです。

逆に、今までだれもやらなかったブルーオーシャン（競合がいない新しく生み出された市場）では、需要がないから誰も今までやらなかった可能性があります。

もし、どうしても新進気鋭なアイデアで起業に勝負したいという熱い気持ちがあるなら、2回目、3回目以降の事業チャレンジで行ったらいいのではと思います。

理由は、1回目の事業で資金を得てからチャレンジすると、ブルーオーシャンでも粘れる体力（資金力）があるからです。

また、1回目の事業でたくさんのことを学べると思うので、1回目にチャレンジするよりははるかに成功確率は高いはずです。

起業というと、スタートアップのようなイケイケでキラキラしたイメージを持つのですが、はじめての起業は、ありきたりなビジネスモデルでいいのです。

ビジネスはシンプルです。お客さまのニーズがあって、価値提供できれば対価としてお金が支払われる。それだけのことなので、難しく考えず自分が周りの人から感謝されるものは何か考えましょう。はじめは、身近な人の悩みや困りごとを自分が解決してあげるくらいの気持ちで十分です。

仕事・プライベート・趣味から、ビジネスの種の見つけ方

仕事編　資料作成スキルすらもビジネスになる

大きな組織にいると、ジョブローテーションでどの部署にも数年しかおらず、専門性が身につかないというジレンマがあります。しかし、**キャリアの棚卸を行い、タスクレベルでできることを細分化**したら、意外と他の人に喜ばれるスキルも出てきます。

大手メーカーの総合職で働くAさんは、独立する際、今までのジョブローテーションで自分には何も武器がないと思っていました。しかし、できることをタスクレベルで書き出すと、資料作成が出てきました。

資料作成は、苦手な人からするとお願いしたい仕事のひとつです。そして、パワーポイントの資料なんて、時間もかかるし、センスも問われます。Aさんは資料は作れて当たり前だと思っていたので、世の中のニーズに気づけませんでした。

事業計画書や経営資料など、資料の見栄えで結果が左右されるときもあります。そこで上手くポジションをとって、忙しい小規模事業主を中心に、資料作成コンサル・代行を始めました。

プライベート編　恋愛で苦労した経験も誰かを救う

プライベートの経験なんて取るに足らないと感じる人も多いと思います。しかし、プライベートで経験した苦労、そしてそれを乗り越えたスキルは、今その悩みで困っている人を救います。

プライベートの経験でビジネスができる例のひとつとして、「恋愛」があります。現に、書店にいくと恋愛本がたくさんあると思います。それだけ需要の高いジャンルです。

恋愛で苦労した経験もビジネスになります。「なぜか彼氏が途切れない」も「大好きな元カレと復縁できた」も「『彼氏いない歴＝年齢』の自分が初めて彼氏ができた」もすべて、悩みの渦中にいる人からすると喉から手が出るほど欲しい情報だからです。

自分のプライベートなんてたいしたことないと決めつけず、粘り強く自分史を掘り下げると必ずビジネスの種が見つかります。

趣味編　「コスメが好き」もビジネスになる

実は、趣味というのは、好きなことであり、得意なことである可能性が高いです。そこに、世の中のニーズとマッチすれば、立派なビジネスになります。

元々コスメが好きなBさんは、デパートで週末コスメを買いあさり、美容雑誌には毎月目を通す程、コスメが大好きでした。

ご自身では、コスメが好きという自覚もなく、あって当たり前のものでした。しかし、周りのコスメに疎い人からすると、お金を払ってでも教えてほしい分野になります。

肌のお悩み別スキンケアの方法、その人に合うメイクのカラー、最旬メイクのコツなど、たくさんコンテンツが出てきます。

趣味はお金にならないとよく言われますが、「好きこそものの上手なれ」で、まさに今までの人生で、お金も時間も頭も一番使ってきた可能性が高いのです。それを市場にマッチしたビジネスの形にするだけなので、事業を軌道に乗せるのも早いのです。

「Will・Can・Mustの法則」で、マイビジネスを組み立てる

では、実際にどうやって自分のビジネスを作っていくか、ご説明いたします。そもそもですが、ビジネスの種の見つけ方は人によってアドバイスが異なります。

ある先輩起業家は、「せっかく起業したのだから、自分が好きなこと、やりがいを感じるこ

とでやりなさい」と言います。

また別の先輩起業家は、「とにかく自分の好きなことよりも、できることでビジネスを作る。そして、そのあとにいくらでも資金を使えるので、そこで初めてやりたいことをやるべき」と言います。


これには正解も不正解もありません。

しかし、それを理解した上で選択するのと、知らずになんとなく選択するのでは、自分自身の納得感が異なってくるでしょう。


私自身も、起業してから今までで「好きなこと」か「できること」かで揺れた時期もありました。

しかし、これまでの経験を通じた最適解は、**「好きなこと、やりたいこと＝Ｗｉｌｌ」、「できること、得意なこと＝Ｃａｎ」、そして「やらなければいけないこと、世の中から求められること＝Ｍｕｓｔ」ができ**

「ライフビジョン」＝どう生きたいか

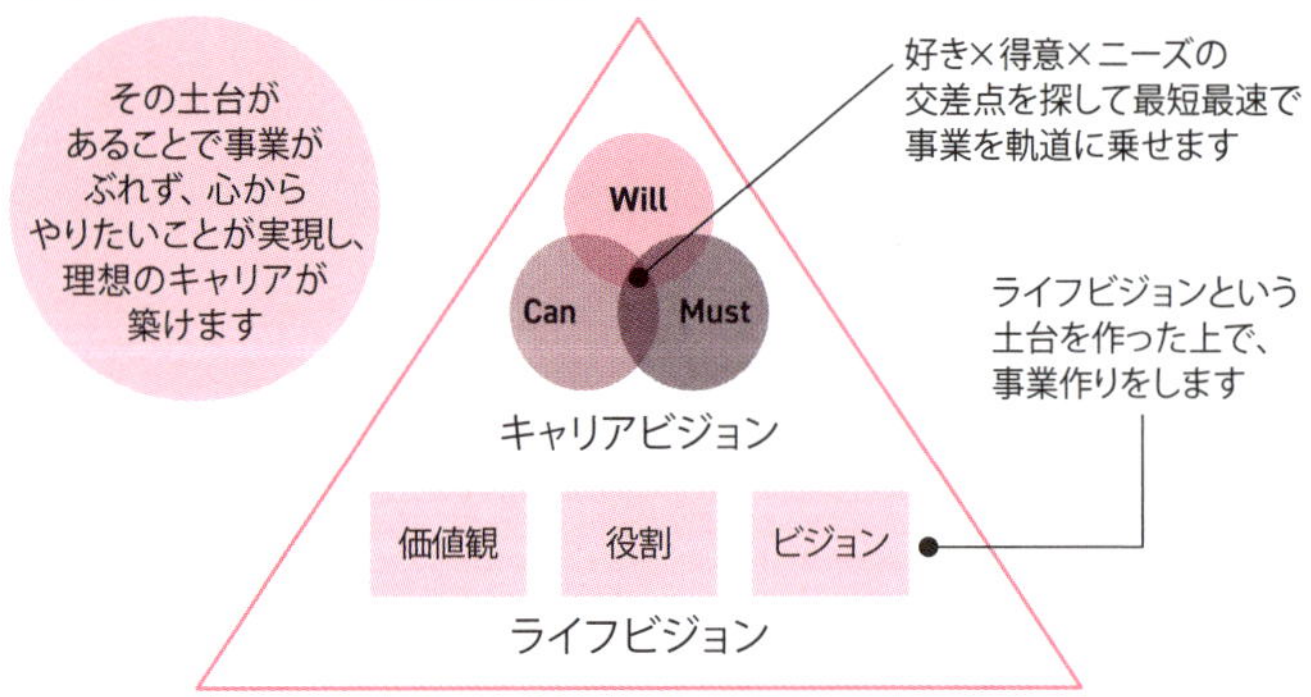
その土台があることで事業がぶれず、心からやりたいことが実現し、理想のキャリアが築けます
好き×得意×ニーズの交差点を探して最短最速で事業を軌道に乗せます
Will
Can
Must
キャリアビジョン
ライフビジョンという土台を作った上で、事業作りをします
価値観
役割
ビジョン
ライフビジョン

るだけ多く重なった交差点でビジネスを作るのが一番上手くいくと感じています。

これを「Will・Can・Musutの法則」と言います。

✓Will×Can×Mustがすべて重なった場合

好きなこと、やりたいことで情熱があり、困難も乗り越える力になります。

そして、自分の強みや得意を生かし、かつ市場にも求められるビジネスなので、やりがいも感じ、収益も安定するビジネスとなります。非常にバランスがいいので、この3点の交差点を見つけられた時点で成功する可能性が非常に高いです。

✓Will×Canのみの場合

やりたいこととできることが重なっていますが、それが市場で需要のあることでないと、低単価サービスやボランティアになってしまいます。

売り上げを求めず、やりがいを求める領域になります。

✓Will×Mustのみの場合

やりたいことと市場で需要のあることにはなりますが、今現在できること、得意なことではないので、新たにスキルや知識を身につける必要があります。

よって、ビジネスにして収益化するまでは、時間がかかると覚悟をすべき領域です。

Can×Mustのみの場合

できることと市場で需要のあることなので、ビジネスを作って収益化まで速いです。しかし、やりたいことの要素が弱いと、困難やトラブルが出てきたときに情熱が弱いので、最後の踏ん張りがきかないことがあります。

優先順位は、①Will×Can×Mustがすべて重なった場合、②Can×Mustのみの場合です。

どうしてもWillが見つからない場合は、割り切ってできることと市場に求められることですぐにビジネスを作りましょう。

好きなこと、やりたいこと(=Will)の見つけ方

好きなこと、やりたいことの探し方として、子どもの頃に好きだったこと、夢中になったことから探すのは、イメージがつくと思いますが、1点だけ注意が必要です。

それは、好きな分野（ジャンル）と好きな作業（タスク）を分けて考えることです。

たとえば、ずっとスポーツが好きだったから、スポーツ用品メーカーに就職したけど、小売店へのルート営業で仕事が全然好きになれないという話です。これは、好きな分野と好きな作業を混合してミスマッチになったケースです。

「スポーツが好き」をもっと深掘りすると、スポーツで勝つまでの戦略を立てることが実は好きだったかもしれません。そうなると、好きな作業（タスク）は、戦略立案やプランニングで、職種で言うと、マーケティングや経営戦略が向いています。

好きな分野（ジャンル）と、好きな作業（タスク）でどちらかを選べと言われたら、好きな作業（タスク）を優先したほうがいいでしょう。

子どもの頃から、好きだったこと、時間を忘れるほど没頭したことを思い出し、それはなぜ好きだったのか、特にどんな瞬間が好きだったのか、など分解していきましょう。

✓ Ｗｉｌｌ探しの質問リスト

- 仕事やお金のことを考えなくてもよかった頃、何が好きでしたか？
- 何をしているときに幸せを感じますか？　その理由は？

- 10億円あったら、何がしたいですか？　どんなことをして過ごしたいですか？
- ワクワクするトピックスや、胸が熱くなるカテゴリーはありますか？
- 今までの人生で一番充実を感じたことは何ですか？　その理由は？
- どんな本のジャンルに興味がありますか？　その理由は？
- 子どもの頃に夢中になった遊びや趣味は何ですか？
- 生まれ変わったらやってみたいことは何ですか？
- 値段を見ずに即購入するものやこと（体験）は何ですか？　その理由は？
- お金がもらえなくてもやりたいことは何ですか？　その理由は？

できること、得意なこと（＝Can）の見つけ方

次に、できること、得意なことを探しますが、こちらも元々自然とできる、生まれながら持っている特性と、後天的に身に着けたスキルや得意なことを分けて考えます。

また、**できること、得意なことを探す際に、他人との比較はせず、あくまで主観で考えます。**

理由は、他人と比較し始めたらキリがないからです。当たり前ですが、どんな世界にも上には上がいます。人と比較して「自分なんて……」と言っていたら、いつまでも強みなんて見つかりません。

自分の強みも、いる場所と環境によって変わります。今の自分のできることや得意を並べましょう。

では、自分のできることや得意なこと（＝Ｃａｎ）の見つけ方をお話しします。

ポイント❶　過去～現在のキャリアで生かせそうなこと

まずは、できることが多い、キャリアの棚卸しをします。今まで得てきた職種に紐づくスキル（営業、広報、経理など）のみならず、タスクレベルで細分化してできることを探していきます。たとえば、資料を作ること、営業でクロージングすることなどです。自分が今までの仕事で培ってきた当たり前のスキルも強みです。

ポイント❷　今までの人生で、よく人から褒められたこと

よく人から褒められることは、あなたのできること、得意なことである可能性が高いです。なぜか、よく人から言われることはありませんか。自分では無自覚なだけで、得意なことは意外とあるのです。周りの家族や友人に一度聞いてみましょう。

ポイント❸　今までの人生で、一番「時間」と「お金」と「頭」を使ったこと

今までの人生で、「時間」と「お金」と「頭」を使ったことは得意なことになっている可能性が高いです。その道のプロになるには1万時間が必要ともよく言われますが、まさにそれです。時間だけではなく、お金も頭も同じです。

ポイント❹　今までの人生で、苦労して乗り越えたこと

今までの人生で、苦労して乗り越えたこともできること、得意なことになっている可能性が高いです。後天的なスキルではありますが、マイビジネスの種のひとつです。理由は、苦労をした分乗り越えるために解決策を考え創意工夫した経験だからです。

そして、ビジネスにしたとき、お客さまは「変化」が大きいものに惹かれます。高単価にもしやすいです。ライザップが高額なのも、結果にコミットし、お客さまに変化を与えるからです。今までの人生で苦労した経験を棚卸ししてみましょう。

ポイント❺　なぜかイライラするもの・人・こと

周りの人を見ていて、「なんでそんなこともできないの？」と不思議に思ったり、ときにはイライラしたりすることはありませんか。そこに、あなたが自然とできること、得意なこと

が隠れています。

自分の業界や会社では当たり前のことも外の世界に出ると、求められることもあります。広告業界にいたら、マーケティングや企画作りができて当たり前ですが、外の世界では褒められます。

自分のできること、得意なことがわからないときは、あえて普段接しない人が集まる所に行き、外の世界に触れてみることをおすすめします。

やらなければいけないこと、求められること（＝Ｍｕｓｔ）の見つけ方

ＷｉｌｌとＣａｎの後は、最後にＭｕｓｔ（世の中のニーズ）があるか調べます。

競合を調べる

では、世の中にニーズがどれくらいあるかを調べる方法ですが、１つは、競合がどれくらいいるかを調べます。競合が多いということは、その市場が盛り上がっている証拠になります。ネット検索やＳＮＳ検索、ココナラなどのビジネスマッチングプラットフォームでキーワードを検索してみます。

競合を見つけたら、競合になる人やサービスを見つけ、価格や提供方法などを調べます。

高単価でやっている競合が多い場合は、それだけ売れる見込みがあります。低単価でやっている競合が多い場合は、提供者が多く価格競争の可能性が高いです。

✓世の中のトレンドを調べる

また、世の中のトレンドを見て、今後も需要のある分野かどうかも調べます。やり方は、ネット検索でビジネスアイデアの関連ワードと、「調査」「データ」などの検索ワードで、政府や民間企業が調査したデータが出てきます。それを見て、今後も伸びる分野かどうかがわかります。一度市場調査として調べてみることをおすすめします。

アイデアを広げるためにビジネスの型を知ろう

マイビジネスの種のＷｉｌｌ、Ｃａｎ、Ｍｕｓｔを一通り調べたら、マイビジネスの種やアイデアをビジネスの形にしていくために、先に「ビジネスの型」をお話しします。

✓モノを売る

自分でモノを作るか、どこかからモノを仕入れて売って対価としてお金を受け取るという昔からあるビジネスの型のひとつです。

自分で作る場合は開発にお金と時間がかかります。どこかから仕入れてきた場合は仕入れ代がかかります。原価のかかるビジネスですが、売るモノがあれば、だれでもビジネスができます。フリマアプリで売るのもこちらの型です。

代わりにやってあげる

誰かの面倒くさいこと、嫌なこと、できないことを代わりにやってあげるだけでもビジネスになります。

代わりにやってあげる場合は、原価もかからず、自分のスキルや時間を差し出すことでビジネスになります。フリーランスとして働く人は、大体このケースが多いと思います。

広義に言うと、雇われて働く会社員も、誰かの会社の業務を代わりにやってあげていると言えます。初めにコストもかからず、自分のできることを棚卸しし、メニュー化、お客さまを見つけるだけで始められる手軽さがあります。

教える

こちらも初期コストがかからず、自分のスキルと時間を差し出すことでビジネスになります。しかし、人に教えるというのは高度なスキルが必要となります。コーチやコンサル、セミナー講師などが当てはまります。

起業初手から、誰かに教えるスキルや経験もない人のほうが多いので、まずは他のビジネスで実績を作ってから教える側に移行するケースが多いです。

人を集める

発信したり、人を集めたりすることによって成り立つビジネスです。具体的には、広告費や会員費、参加費などでマネタイズします。コンテンツを発信することによって、人が集まり、たくさんの人が集まることで価値が生まれ、ビジネスとして成立します。また、イベント企画などもこちらに当てはまります。

たとえば、ＹｏｕＴｕｂｅも、たくさん登録者数を増やし、広告費で売り上げが立ちます。その他、ＳＮＳやブログも同じです。特にメディアやＳＮＳの場合、初期費用もかからず、コスト面では初心者でも参入しやすいですが、人を集め、メディアやアカウントを育てるのに時間がかかることが懸念点です。

紹介する

前述のように、モノを持たなくても、お金と時間をかけなくても成立するビジネスがあります。それは、何かを紹介したり、つないだりすることで手数料をもらう紹介ビジネスです。

こちらのメリットはサービスや商品がなくても、時間をかけなくても、すぐにビジネスを始められることです。その代わり手数料なので、自分(自社)の取り分が全体の売り上げの何割かになります。起業初期に、スキルもなく、お金も時間もあまりかけられない場合は、「紹介する」ビジネスがおすすめです。

以上が、主なビジネスの型になりますが、ご紹介した以外のビジネスの型もあると思います。そして、実際のビジネスの現場では、どれかの型にはっきり分かれず、何種類かの型が複合している場合があります。

Will×Canを整理してアイデアのベースを作る

では、ここからは、これまで出てきたWillとCanを掛け合わせて、ビジネスアイデアを作っていきます。

ここの作業では、できるだけ多くの選択肢を出すことがポイントです。出してみて自分の中で、ありかなしかもわかりますので、いったん実現度は無視して可能性のある選択肢をすべて出してみます。

ここから先は、具体例もあったほうがわかりやすいと思うので、実際に一人のワーママが起業を志し、自分のビジネスを作るストーリーと合わせてお話しします。

＊＊＊

起業ストーリー 井出藍子（東京都在住34歳・夫と2歳の娘と3人暮らし）

新卒でオフィス機器メーカーに入り、営業、広報、販促企画、カスタマーサポートなどを経験。昨年、育休から復職し、時短勤務。今の職場環境に不満はないが、時短で給料が減ってしまったことや、復職してから、部署のサポート業務に回ることが多く、物足りない。特にやりたいことがあるわけではないが、このまま会社員として定年まで働くイメージはない。起業に憧れている。

❶出てきたWill

【ジャンルとして好き】

- 海外旅行
- 読書
- カフェ
- ファッション
- 手帳

【作業として好き】

- 企画すること
- 文章を書くこと
- 人のフォローをすること
- 人の相談を聞くこと
- リサーチ

❷出てきたCan

【仕事としてできる】

- 営業
- 資料作成
- クレーム対応
- 戦略を立てる（広報、販促）

【プライベートでできる】

- 簿記
- 整理収納

● 料理

【元々得意なこと】

● 人の感情の機微を感じ取る

● 色んな人の意見を取りまとめる

＊＊＊

【ステップ❶】ジャンル、作業、提供の仕方を考え、言語化する

まずは、ビジネスアイデアの大枠を作ります。ジャンル（旅、グルメ、ファッションなど）と作業（企画、発信、分析など）を掛け合わせます。そして、前述したビジネスの型を参考に、サービスの提供の仕方を考えます。

● ジャンル↓海外旅行

● 作業↓人の相談に乗る・企画する

● 提供方法↓教える

出そろったらそれらをまとめ、サービス内容が一言でわかるように「言語化」します。

（例）言語化→海外旅行のプランのコンサルティング

【ステップ❷】マネタイズ方法、マネタイズまでのスピード感を考える

次に、自分のイメージでOKなので、マネタイズの方法とスピード感を考えます。

- マネタイズ方法→お客さまから直接対価をもらう
- マネタイズまでのスピード感→お客さまさえ見つかればそこまで時間はかからない

マネタイズ方法は、お客さまから直接対価をもらう他に、法人から費用を頂くケースや、手数料をもらうなどが考えられます。

また、マネタイズまでのスピード感もわかる範囲で考えます。たとえば、旅のことを発信して、広告主（法人）から広告費を頂くビジネスだと時間がかかるなどです。

【ステップ❸】譲れない価値観を満たしているか考える

次に、そのビジネスがご自身の譲れない価値観を満たしているかを確認します。

たとえば、働く上で譲れない条件が、「人とコミュニケーションをとる」「場所の自由がある」「納期に追われない」だったとします。

- 価値観①：人とコミュニケーションをとる↓お客さまと接することができる
- 価値観②：場所の自由がある↓オンラインでどこでも仕事ができる
- 価値観③：納期に追われない↓自分でスケジュールは調整できる

これがたとえば、旅行の発信で広告費をもらうビジネスモデルだったら、「場所の自由がある」「納期に追われない」は満たすことができますが、「人とコミュニケーションをとる」は△と気づくことができます。

【ステップ❹】プライベートでやる余地があるかどうか考える

そして、次に考えたいことが、ビジネスアイデアで出したことを、プライベートでやることも可能なのかどうかを考えます。

例で出した「海外旅行プランのコンサルティング」は、他人に提供してビジネスにしたいことでしょうか。自由な働き方ができたら、いつでも旅行に行けて、自分でプランニングすることで満たされるかもしれません。その場合は、自由な働き方ができることが優先事項になります。

【ステップ❺】他者(他社)のために、やりがいを持って取り組めるか

最後にとても大切なことは、他者(他社)のために、やりがいを持って取り組めるビジネスなのかどうかを考えます。

Ｗｉｌｌ、Ｃａｎを考えたときに、自分のためだけにやってきた経験だから、「好きかも」「得意かも」と感じたと思います。

私も含め、人は自分に一番興味があります。自分のことだから好きだった、頑張れたということはたくさんあります。

たとえば、海外旅行プランをコンサルするというのも、自分の旅行だからこそワクワクしていたのか、他者(他社)のためでも、プランニングすること自体がワクワクすることなのか、という視点を持ちます。

私自身も、ファッションは好きですが、自分のためにおしゃれするのが好きなだけで、お客さまをおしゃれにすることはそこまで好きではありません。

もう少しビジネスの話にすると、自分が愛する自社の製品だからマーケティングの企画をするのが好きなのか、それともマーケティングを企画すること自体が好きなのかを考えます。

ビジネスアイデアに優先順位をつけ、期限を決めて順番にチャレンジ

では、一通りＷｉｌｌ、Ｃａｎ、Ｍｕｓｔが出そろって、選択肢もたくさん出てきたので、ここからは絞り込みを行います。

【ステップ❶】ビジネスアイデアの優先順位を決める

まずは、一通りアイデアを見てみて、ご自身の所感を書きます。「思ったより好きではないかも」など、アイデアを書き出したことによってわかることがあると思います。
次に、Ｗｉｌｌ、Ｃａｎ、Ｍｕｓｔをどれくらい満たしたアイデアなのかを確認します。
最後に、アイデアの一覧を見て、どれが一番ワクワクするか、やりがいを感じるか、需要がありそうかなどを検討して優先順位を決めていきます。

（例）海外旅行のプランをコンサルティングする

【Ｗｉｌｌ】海外旅行が大好きで、海外旅行と言うジャンルの仕事ができて幸せ
【Ｃａｎ】人の相談に乗るのが得意・企画をするのも得意
【Ｍｕｓｔ】コロナ禍も落ち着き、海外旅行ブームが再燃している

【ステップ❷】チャレンジの期限と撤退条件を決める

優先順位まで決まったら、チャレンジの期限と撤退条件を決めます。それらを決める理由は、芽が出ないことに何年も費やすよりは、サクッとチャレンジして進退を決めるべきだからです。

もし仮に上手くいかなくても、次のアイデアでチャレンジをして成功する可能性があります。ひとつのビジネスの火が消えても、起業したいという火は消さないでほしいのです。「起業が成功するまでやる」という精神が大事です。

期限に関しては、少なくとも半年～1年は見ておくとよいと思います。中には数カ月で売り上げが安定する猛者もいますが、そういった人は元々のスキルやセンスをお持ちだった人なので、普通は少なくとも半年、1年はかかるものです。

半年、1年本気で動けば、何かしら成果が出ると思います。しかし、それでも売り上げゼロだった、集客ゼロだった場合は、勝負するビジネスや市場がイマイチな可能性があるので、

潔く撤退して、ピボットするなり、次のビジネスにチャレンジしましょう。

ひとつ注意なのは、本気で動けていないのに、成果が出ず別のビジネスに移行することです。特に起業初期は、ある程度時間と労力をかけないと軌道に乗れないです。自分の努力不足を、ビジネスアイデアのせい、市場のせいにするのは間違いです。

ちょっとやってみて成果が出ないからといって、次のことをしないでください。まずは決めた期間やりきる姿勢が重要です。少なくとも月１００万円までは、自分ひとりでも誰でも届く世界だと私は思います。起業は成功するまで粘り強く続けたもの勝ちです。

（例）海外旅行のプランをコンサルティングする
【期限】１年間
【撤退条件】１年間で月の売り上げ10万円以下

＊＊＊

【実際に起業した女性の声】

自分の本当にやりたいことは自分の内側にある

Ｗｅｂアプリ開発エンジニア　平良里菜さん

大手メーカー2社でエンジニアとして勤務した後、事業会社でＷｅｂエンジニアをしていました。働く場所の自由が欲しくてフルリモートの会社に転職したものの、会社の方針変更で出社必須になったことがきっかけで、自分でビジネスをしないと会社に振り回されることに気づき、起業を決意しました。起業して仕事もプライベートもコントロールできる人生が送りたいと思うようになりました。

しかし、今まで会社員の経験しかなかったので、そもそも自分が起業で何ができるのか、何がやりたいのかわからず、今までの人生を棚卸しして、可能性のあるビジネスモデルをたくさん書き出してみました。

そうすると、元々プログラミングなどのモノづくりが好きなことを再認識できました。そこからご縁にも恵まれ、今では、本業の傍ら、システムやアプリの受託開発、業務効率化システムの構築などを行っています。

今までの自分はシステムのことができて当たり前と思っていましたが、外の世界に出ると喜ばれるスキルであることに気づきました。起業して、0→1も達成でき、純粋に心から楽しめる瞬間が増えて幸せです。

何度も挑戦しやっと見つけた自分らしいビジネスの形

不妊カウンセラー　高田美津子さん

大手航空会社のキャビンアテンダントとして勤務していましたが、コロナ禍で地方自治体へ在籍型出向をしました。現在は、育休中の副業で不妊カウンセラーとして活動しています。

元々、20代の頃から漠然と起業したいという想いはあったものの、なかなか形にできずモヤモヤしていました。初めにチャレンジした民泊事業はコロナ禍で撤退、不妊治療当事者向けのメンタルケアサポートは、やっていて違和感がありました。

そこで、事業を再構築し、現在は不妊をテーマとしたセミナーを行いつつ、不妊カウンセラー向けビジネスサポートを行っています。

地方の新聞、ラジオなどのメディアにも多数取り上げられ、岡山を中心に活動中です。将来は、不妊治療セミナーを全国47都道府県に実施するのが夢です。

0→1まで時間がかかりましたが、自分の軸を見つけることで、すべてが好転し始め、今ではSNSでもリアルでも自分の想いを発信し、不妊に悩む人に「一人じゃないよ」と伝えるために日々ビジネスに邁進しています。

第3章の起業の土台作りポイント

- ✓ライフビジョンを描く
  - ❶自分史を深掘り
  - ❷価値観を5~10個程度に絞る
  - ❸価値観を優先順位順で並べる
  - ❹抽象度の高い価値観ワードを明文化する
  - ❺毎日見て、定期的にブラッシュアップする
- ✓起業する明確な目的を考える
  - 自分はなぜ起業するのか、なぜこのビジネスをするのか
  - なぜこのビジネスを世の中に対して価値提供したいのか
- ✓会社員時代のプライドは捨てる
- ✓起業は小さく始めて何度もチャレンジする
- ✓他の人がやらないことをやる
- ✓短期目線になって焦らない
- ✓お金と時間の断捨離をする
- ✓生活の仕組化とルール化で挑戦の土台を整える

―ライフビジョン発見ワーク―

- 憧れの人は誰ですか？
- 憧れる理由や具体的に憧れるところはどんなところですか？
- 人生で持ちたいもの、手に入れたいものは何ですか？
- 人生でやりたいことは何ですか？
- 人生でなりたい自分、ありたい状況はどんな感じですか？
- もし余命１年だとしたら何がしたいですか？
- もしあと１００年健康で生きられたら何がしたいですか？
- 人生でやりたいこと30リスト

- 死ぬとき、家族友人にどんな人・人生だったと言われたいですか？

- 死ぬとき、どんなことに後悔すると思いますか？

- 人生で成し遂げたいことは何ですか？

- 自分にとって幸せとは何ですか？
  どんなことですか？　どんな状態ですか？

- 人生のターニングポイントはいつですか？　なぜですか？

- 人生で辛かった経験は何ですか？　どうやって乗り越えましたか？

- 子どもの頃、時間を忘れるくらい熱中したことや
  好きだったことは何ですか？

- 人生で一番充実を感じた時期はいつですか？　なぜですか？

- 今までの人生で後悔していることは何ですか？　なぜですか？

第4章

自然に売れ続ける魅力的な「商品・サービス」を作る

まず初めにマーケティング設計が必要な理由

ここまでで「何を」ビジネスにしていくかは決めましたが、第4章から第6章でマーケティング戦略を決めます。

ケーキ作りを例にお話ししますね。マイビジネスの種を決めたのは、どんなケーキを作るかです。ショートケーキか、チョコレートケーキかで準備する材料もすべて異なります。つまり、大まかな方向性を決めたということです。

ここからは、具体的なケーキの中身を作り、ケーキの見た目を整え、ケーキの売り場作りをします。

この章では、具体的なケーキの中身作りを行います。マーケティング戦略が必要な理由は、最短最速で最大の結果を生み出すためです。

そもそもマーケティングとは何でしょうか。私は売れる仕組み作りと捉えています。マーケティング戦略を描くことで、売れる可能性を高めることができます。事業作りは基本、仮設と検証の繰り返しです。闇雲に仮説・検証を繰り返すよりは、マーケティング戦略を描いて、当たりを引く可能性を上げるのが成功への近道です。

時間がない人こそ、マーケティング戦略をしっかり練って、土台がブレない強固なビジネスを作らないと逆に遠回りしてしまいます。時間がないママこそ、強固なマーケティング戦略でスマートに勝ち上がりましょう。

市場の選定

ここからは、あなたのマイビジネスをどこで勝負していくかを決めていきます。

では、なぜ市場を選定しないといけないかというと、資金も人材も潤沢にあるわけではないスモールビジネスでは、闇雲に大きな市場に出ても勝てないからです。

大きな市場で勝てるのは、資金も人材も潤沢にある大企業だけです。スモールビジネスがとる戦略は、市場を絞り、差別化戦略でポジションをとり、そこか

商品設計のフロー

❶市場調査			❷商品・サービス設計		❸モニター
市場の選定	ターゲットの選定	競合調査 ポジショニング	フロントエンド バックエンド	商品作り	モニター募集

らどんどん市場を拡大していくというやり方です。

では、具体的に市場の絞り方をお話しします。第3章でも出てきた「海外旅行コンサル」の事例でお話しします。

【ポイント❶】エリアを絞る（地理的基準）

「旅」の場合、海外なのか、国内なのか、国内でもどこの地域かなど、絞るポイントはたくさんあります。どこのエリアだと自分や自分の事業が勝てそうか考えます。

【ポイント❷】人の属性で絞る（年齢、性別、生活水準など）

市場を選ぶとき、ターゲットの属性も絞ります。男性向け・女性向けなのか、若者向けなのか、シニア向けなのかで「旅」に求めるものや金額感も異なってきます。

【ポイント❸】人の価値観や好みで絞る（心理的基準）

人の価値観や好みで絞ることも可能です。「旅」と言っても、ラグジュアリーな旅か、それとも格安旅行かで提供するサービスが変わってきます。

【ポイント❹】人の購買意欲で絞る（購入頻度や購入タイミングなど）

購入頻度や購入タイミングで絞ることもできます。たとえば、年に一度旅行に行く人向けか、毎月旅行に行く人向けかです。それによって訴求表現や刺さるポイントも異なるので、市場の選定は土台作りの重要な部分です。

ターゲットを決めてニーズを深掘りする

市場の選定が終わったら、次はターゲットを絞っていきます。すでに市場の選定である程度属性は絞れていると思いますが、そこからさらに深掘りしていきます。

ステップ❶ターゲットの言語化

ここでは、仮でもいいので、ターゲットの的を絞るために言語化を行います。

（例）年に1～2回程海外旅行に行くのが好きな都会に住む20～30代の独身女性

ステップ❷ターゲットの悩みを深掘り

次に、ターゲットの悩みを深掘りします。20～30代の独身女性は、海外旅行に行くとき、どんなことに悩んでいるでしょうか？　ターゲット視点で考えます。

- 海外旅行に行くとき、旅行先で何を食べるか迷ってしまう
- 海外旅行に行くとき、フリープランだと効率的に回れないからいつも団体旅行
- 海外の写真映えスポットに行きたいのに、なかなか行けない

✓ターゲットの「不」に注目

ここで、ターゲットの「不安」「不満」「不足」に注目してみます。

ターゲットが海外旅行に行くとき、いつも

- 「不安」に感じていることは？　↓　自分が不在中の仕事の行方が不安
- 「不満」に感じていることは？　↓　映えスポットになかなかたどり着けない
- 「不足」に感じていることは？　↓　インスタから旅行先の情報が得られない

✓ニーズとウォンツの違い

たとえば、一言で「〇〇したい」と言っても、それが手段なのか、目的なのかを分けて考えると、ターゲットが求めていることが深掘りできます。

マーケティングではよく、「ニーズ」と「ウォンツ」の違いという話が出てきます。ニーズは、ターゲットの本当に叶えたい目的や理想の未来を指します。そして、ターゲット自身が気づ

いているニーズ（顕在的ニーズ）と気づいていないニーズ（潜在的ニーズ）があります。

（例）海外旅行先で、インスタ映えする写真をたくさん撮りたい　→顕在的ニーズ
　　　海外のおしゃれな写真をインスタに載せてチヤホヤされたい　→潜在的ニーズ

そのニーズを満たすための手段がウォンツです。たとえば、海外でインスタ映えする写真が撮りたい場合、手段は「新しいカメラを買う」「インスタ映えスポットを探す」「インスタ映えする服を買う」などたくさん手段が出てきます。ターゲットの顕在的ニーズ、潜在的ニーズ、ウォンツに分けて、考えてみましょう。

✓ターゲットが悩みを解決している代替品を考える

ターゲットが、悩みを解決している代替品を考えます。もしかしたら、現時点でニーズが解決するサービスはなく、妥協して代替品を使っている可能性もあります。

（例）旅系インスタグラマーの投稿で調べている（個人で調べるのには限界がある）

ステップ❸ ターゲットの知識レベルを考える

ターゲットの知識レベルは、初級なのか、中級なのか、上級なのかを考えます。ターゲットの知識レベルによって、悩みが異なります。また、提供するサービスや情報も異なってくるので、ターゲットのレベル感を考えましょう。

（例）年に1～2回海外旅行に行くターゲットなので、中級向け

ステップ❹ ペルソナ分析をする

ペルソナとは、マーケティング用語で、商品やサービスを買ってくれそうな具体的にイメージできる架空の人物像です。

ターゲットと似ていますが、ターゲットは「20～30代の独身女性」のような属性区切りです。一方、ペルソナは、「○○に住む△△に勤務している34歳独身の××さん」のように、まるでその人物が実際にいるのが想像できるくらい細かな設定を考えます。

なぜ、そこまで細かくペルソナを考えるかというと、商品・サービスのコンテンツ設計も、訴求するメッセージも、「20～30代の独身女性」だけだと、曖昧でぶれます。よって、誰にも刺さらないメッセージになってしまうからです。

ペルソナ設定で考える項目

- 年齢、性別
- 職業、年収、学歴
- 居住地、家族構成
- 趣味
- 普段見ているメディアやSNS
- 休日の過ごし方や一日のスケジュール
- 日々の悩みや不満
- どんな価値観があるか

競合調査とポジショニング

次に、競合の調査をします。第3章でも調べたと思いますが、ここではより具体的に調べてみます。競合調査すべき理由は、競合を知ることで、自社の強みや差別化ポイント、そして戦うべき場所がわかるからです。

ステップ❶ 自分がやりたいサービスと似たサービスを探す

まずは、リサーチ先のサービスをピックアップします。自分がこれからやろうとしているサービスと似たサービスを探していきます。

リサーチ先として大手のサービスは、最初はあまり参考にならないので、自分の一歩先を行くような人やサービスを見つけます。ピックアップ先も3～5個程度でOKです。

ステップ❷ 競合の強み・特徴を洗い出す

次に、競合先の強みや特徴を整理します。HPやLP（ランディングページ）があれば、それを確認します。なければ、SNSなどで確認できる範囲で調べます。

- キャッチコピー
- コンセプト
- 想定ターゲット
- サービス概要
- メニュー内容
- 費用感（わからないこともあります）

これらを調べた後に、以下を自分で考えてみます。

- リサーチ先サービスの強み
- リサーチ先サービスの弱点

ステップ❸ 自分のサービスに生かせそうな点や優れている点を整理する

一通り調べたら分析や考察です。自分の所感で構いませんので、左記を考えます。

- リサーチ先サービスに勝てる所
- リサーチ先サービスの真似したい所

自分のサービスの強みになりそうなところを見つけて、そこを強化したサービス設計にします。また、真似したいところはどんどん取り入れましょう。

✓ポジショニングマップを作成

最後に、自分の商品・サービスがどこで勝てそうか、お客さまに選んでもらえそうか、勝ち筋のいいポジション探しをします。マーケティングではポジショニングマップと言います。

やり方ですが、縦軸と横軸を考えます。軸は、お客さまの購入判断のポイントとなりそうなものを選択します。たとえば、

- 価格
- サービスの特徴
- サービスを受けるメリット
- ターゲット
- サポートの手厚さ

などが挙げられます。空きポジションを見つけ、どこで勝てそうかを見つけます。

■ポジショニングマップ

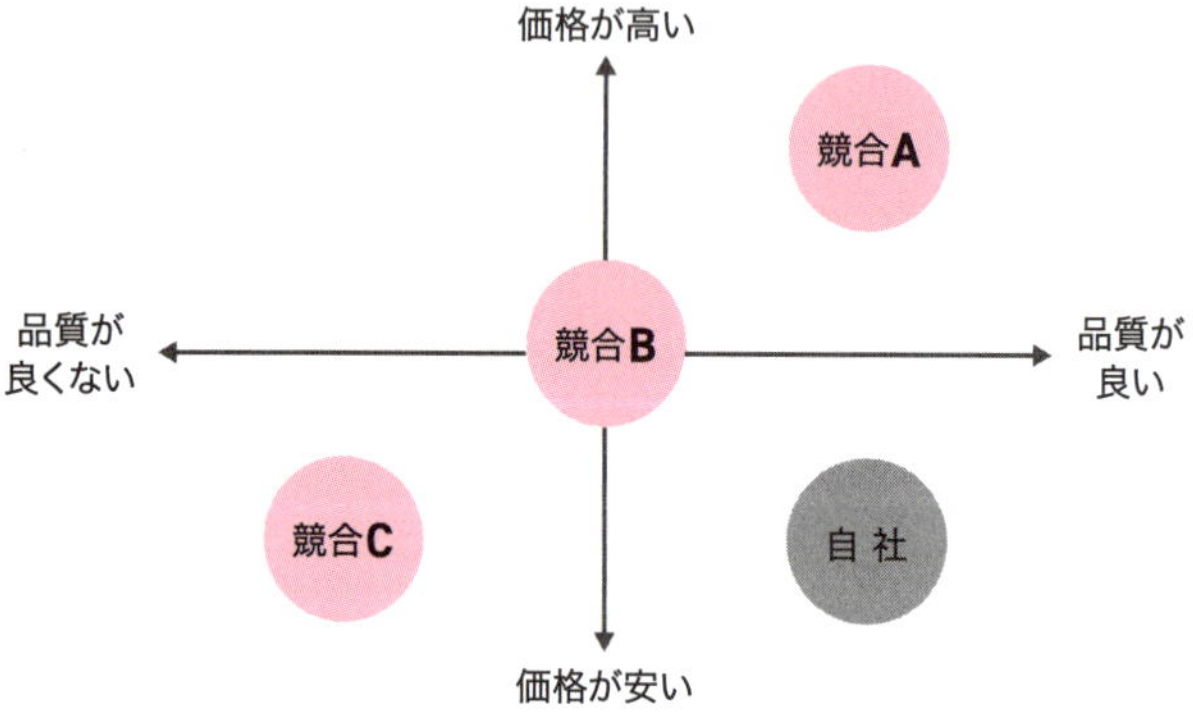

商品・サービスのフロントエンド、バックエンド

商品・サービスは、いくつか種類があり、役割が分かれています。マーケティングではフロントエンドとバックエンドと言われているものがあります。

フロントエンドとは、集客用の商品・サービスです。フロントエンドでは、収益化は求めず、あくまで人を集めて、知ってもらう・体験してもらうためにあります。

一方、バックエンドでは、収益化を行います。イメージとしては、フロントエンドは、お試し無料キャンペーンや1《ワン》DAYセミナーです。バックエンドは、フロントエンドと比較して、金額も期間も長い本命商品となります。

どちらも用意をしておく理由は、お客さまは初めからバックエンドの商品を買うことにハードルを感じるからです。いいかどうかもわからない商品にお金も時間も差し出しません。フロントエンドでお試しをして、よかったらバックエンドにつながります。

では、ここからは、フロントエンド、バックエンドのポイントをお話しします。

✓フロントエンド

❶利用、購入ハードルが低いこと

まずは見込み客に手に取って試してもらうことが重要なので、利用、購入ハードルを低くします。申し込みや登録なども簡易にスムーズにする必要があります。

❷バックエンドの価値が伝わる

フロントエンドでは、バックエンドの疑似体験ができるようにします。人が集まるからと言って、バックエンドと全然違うものをフロントで行っても、バックエンドにはつながりません。フロントエンドで、「これは価値があるもの」「信頼できるサービス」という印象を持ってもらうことが大事です。

❸フロントエンドで満足させすぎない

しかし、フロントエンドで満足させすぎないということも重要です。理由は、フロントエンドで満足しすぎると、バックエンドを購入する理由がなくなるからです。満足させすぎると「自分でもやってみます」「また来ます」と言われます。価値を伝えることと満足させすぎないというちょうどよい塩梅がポイントです。

✓バックエンド

バックエンド商品は、本命商品なので、ターゲットの満足度が最大となるように設計します。バックエンド商品を先に作ってフロントエンドを作るとスムーズです。

実は、フロントエンド、バックエンドの他にも「クロスセル」「アップセル」「ダウンセル」があります。これらも用意すべき理由は、顧客生涯価値（LTV＝Life Time Value）を高めるからです。

お客さまが一度購入して戻ってこないサービスと、お客さまがリピーターになるサービスでは、後者のほうが事業は安定します。そのためお客さまがバックエンドを購入してリピートする仕組み作りをします。

✓クロスセル・アップセル

バックエンドを購入した後、追加で別の商品・サービスを提案します。

✓ダウンセル

バックエンドの購入に至らなかったお客さまに対して、バックエンドより安く購入しやすいものを提案します。バックエンドは今購入しなかったけど、ダウンセルなら購入するお客さまが一定数います。いわゆる落下防止にもなります。

このように、商品・サービスと言っても、いろいろ種類があり、それぞれ役割が異なります。

商品・サービスの作り方

では、いよいよ商品・サービスの中身作りをしていきます。

ステップ❶ サービスのゴール設計

どんなサービスを取り扱う場合でも、商品・サービスのゴール設計は必ず必要です。なぜなら、お客さまはお金を払うことによって、どんな価値が受け取れるかがわからないとどんなに安いものでも買わないからです。重要な3つの視点をお話しします。

視点❶お客さまの理想の未来を考える

お客さまをあなたの商品・サービスを購入することによって、どんな理想の未来に連れていけますか？　お客さまに理想の未来を見せることが重要です。

(例)最高に素敵な海外旅行の写真が撮れる旅行プランを提供

視点❷ お客さまにお約束できること

あなたの商品・サービスを買うことによって、お客さまにお約束できることは何ですか？　買っても効果がないものは選びたくないのが顧客心理です。お客さまに「これだったら自信を持って言える」ということを考えます。

（例）お客さまの希望を聞いて、納得の行く素敵な旅行プランを提案する

視点❸ お客さまの変化（AだったＢになる）

お客さまは変化が欲しくて、お金を払ってでも解決したいと思います。お客さまがどんな状態から、商品・サービスを購入することによってどんな状態になりますか？「Aだった人がBになる」に当てはめて考えてみましょう。

（例）今までなかなか写真映えする素敵な旅行スポットに出会えなかった人が、おしゃれな旅行プランを体験できる

ステップ❷ サービスのネーミング

特に個人向けサービスの場合は、商品・サービスのネーミングを考えます。ネーミングに

関しては、商品・サービスや、理想の未来を想起させるものでもいいですし、ご自身の事業に対する想いが詰まったものでもOKです。

ステップ❸ サービスの中身の設計(メニュー化・カリキュラム化・テーマ化など)

ここから具体的なサービスの中身の設計を行っていきます。まず、考えるべきことは提供形式です。

たとえば、旅行のプランの相談なのか、それとも旅行のプランを組んであげるのか、さらに実際に旅行の予約なども代行で行うのかなど、提供方法にもいくつかのバリエーションができます。いったん、可能性があるものを書き出してみます。

✓コンサルティング

コンサルティングの場合、1時間○円などで提供できます。あくまで相談に乗るだけなので、こちらの負荷は少ないですが事前リサーチの時間は必要です。

(例)コンサルティングプラン

【メニュー】 対面orオンラインコンサル1回

【提供内容】旅行先の相談
おすすめスポット・レストランの紹介
観光スポットの効率のいい巡り方　等

✓プランニング代行

コンサルプランだけだと、結局お客さまが調べないといけないことも多く、もう少しサポートしてほしい場合は、「旅行日程表」も作成します。作業負荷は増えますが、その分単価を高く設定できます。

(例)プランニング代行
【メニュー】対面orオンラインコンサル1回
旅行日程表の提出
【提供内容】旅行先の相談
おすすめスポット・レストランの紹介
観光スポットの効率のいい巡り方　等

✓プランニング＋予約代行

さらに、プランニングだけではなく、旅行にまつわるお客さまの負担を減らしたプランになります。「予約代行」まで含めると、さらに単価をアップすることができます。

(例)プランニング＋予約代行
【メニュー】対面ｏｒオンラインコンサル１回
旅行日程表の提出
予約代行
【提供内容】旅行先の相談
おすすめスポット・レストランの紹介
観光スポットの効率のいい巡り方
ホテル・飛行機・ツアー・レストラン予約代行　等

このような形で、松竹梅のようにプランの内容と金額を分けて設定すると、最初はやりやすいと思います。お客さまが増えてきてからブラッシュアップしましょう。

その他、無形商材の場合は、何かの代行を行う場合も、松竹梅でベースのプランを作成します。研修や講座を行う場合は、開催回数とカリキュラムを作成します。

ステップ❹ サービスの強み・特徴を整理

ある程度、商品・サービスの中身が決まってきたら、次に、商品・サービスの強みと特徴を考えます。3～5つ程度でOKです。

強み・特徴を考える理由は、これらが明確でないと、お客さまが選べないからです。似たような競合がいる中で、いかに選んでもらえるかがカギなので、ここはしっかりと考えましょう。

強みや特徴は、実際にお客さまと対話する中で精度が上がってくるものです。お客さまがなぜ購入を決めたか生の声が聞けるようになると、集客やセールスのときのアピールすべきポイントが変わってきます。最初は、仮の強み・特徴でOKです。

(例)海外の映えスポットを網羅した海外旅行プランを提供できる

ステップ❺ サービスの価格を決める

商品・サービスの価格はいくらが適正でしょうか。これからお客さまを集めていく段階なので、初めから収益化を求めるよりも、お客さまにまずは試してもらう・手に取ってもらえることを優先した価格設定にしましょう。

価格もお客さまの反応を見て調整できます。また、実績に応じて、価格をどんどん上げることもできます。
競合と自分の商品・サービスを比較してみて、内容に対してどれくらいの価格であれば購入しようと思えるか、自分がお客さまになったつもりで決めましょう。

（例）
◎コンサルティングプラン↓1万円
◎プランニング代行　　↓3万円
◎プランニング＋予約代行↓5万円

ステップ❻ サービスの言語化（エレベーターピッチ）

最後に、商品・サービスを簡潔にまとめ言語化します。エレベーターピッチというものがありますが、これはエレベーターに乗っている間くらいの短い時間に自社や自分のアピールをすることから名付けられています。自分がどんなビジネスをやるか、材料が出そろったタイミングで、無駄な要素はそぎ落とし、完結にまとめます。

ここで、テンプレートをご用意したので、ぜひ当てはめてみてください。

私は、

【❶潜在的なニーズ・抱えている課題】を解決したいと思い、
【❷ターゲット】向けの、
【❸商品・サービス名】という
【❹商品・サービスのカテゴリーやジャンル】を作りました。
【❺強みや特徴】があり、
今までの【❻ターゲットの代替手段】とは異なり、
【❼差別化ポイント】があります。
【❽商品・サービス内容】で
【❾ターゲットがAからBになり】
【❿理想の未来】を手に入れることができます。

（例）
私は、
【海外旅行でおしゃれなスポットを巡れない悩み】を解決したいと思い、
【20〜30代の海外旅行好きな独身女性】向けの、
【GenicTabi】という
【おしゃれ海外旅行プランニングサービス】を作りました。

【効率よくおしゃれスポットを自由に巡るメリット】があり、
今までの【インスタで必死に情報を探すこと】とは異なり、
【プロにニーズに合った旅行プランを組んでもらえること】があります。
【海外旅行先の観光スポット、ホテル、食事、及び行程の交通手段などすべて記載した旅のしおりを納品】で
【団体旅行でイマイチ、調べるのが大変だった旅行先がおしゃれで自由度が高くなり】
【最高におしゃれな写真が撮れる旅行】を手に入れることができます。

モニターを募集

商品・サービスの内容が固まってきたら、次にやることはモニター募集です。

やるべき理由は、ここまで考えてきたターゲットの悩みも、それを解決するとされた商品・サービスも仮説の段階に過ぎないからです。仮説が外れることもあります。その仮説と実際の市場の反応のズレを修正するためにやります。

また、モニターを実施することによって、お客さまの声を集めることもできます。お客さまの声で購入を決める人もたくさんいるので、お客さまの声を集めることはとても重要です。

まず、身の回りの家族・友人で試してくれそうな人を5名程探します。いなければ、ＳＮＳでモニター募集を呼び掛けて頂いてもＯＫです。

モニターなので、無料もしくは格安でサービス提供を行います。その代わり、モニターになって頂いた人には必ずアンケートに答えてもらい、ユーザーインタビューを行います。また、そのアンケート内容も一部、口コミとして今後使わせて頂く旨の了承を得ます。

アンケート項目例

- モニターの満足度
- 満足した（不満だった）理由
- 特によかった点
- 改善すべき点
- アンケート内容の掲載可否

モニター・無料だからと言って手を抜かず、全力で商品・サービスを提供します。

＊＊＊

【実際に起業した女性の声】

起業して自分の心に従う豊かさを手に入れた

魅力起業コンサルタント　瀬咲ナルミさん

大手鉄道会社の総合職として働いていましたが、育休復帰後に仕事と育児の両立に悩み、退職を決意。現在は、キャリアに悩む女性向けサービスを提供しています。

退職を決意する前も、働き方やライフイベントとの両立で悩み、何度も「やめたい」と思う瞬間があったのですが、地方都市なので、なかなか今よりもいい会社もなく、安定した大手企業の会社員を手放すのが怖かったです。

しかし、育休復帰も勤務時間は短くなったのに、仕事量が変わらず疲れ果て、幼い娘との時間が一日たった3時間しかないことに気づき、起業という道を選びました。

最初はサービスが売れず苦労しました。しかし、市場から自分は何を求められているかというニーズを考え、自分と同じようにこれから起業したい人に向けたマンツーマンコンサルに切り替えたところ、起業半年で月商100万円も達成。

起業を選んで、自分の心に従う豊かさを手に入れ、娘との時間や、働く場所の自由もあり、いつでも挑戦したいことにすぐ飛び込める柔軟さもできて、本当に起業してよかったです。

これからは、女性でキャリアにお悩みの人への新しいロールモデルを作り、日本全体の働き方を変えていきたいです。

＊＊＊

人脈ゼロ、実績ゼロから依頼の絶えないフリーランスへ

ブランディングライター　林春花さん

京都大学を卒業するも、新卒では体調不良から1年も持たずに退職。在宅でもできるライターとして転職したものの、キャリアのためには取材で全国を飛び回る必要があり、疲弊した日々を過ごしていました。

そんなときコロナ禍で仕事がほぼオンラインに。一念発起して地元富山で独立しました。

人脈ゼロ、実績ゼロからのスタートで、泥臭く営業もしました。

当初は、仕事を断れなかったり、予想以上に工数がかかる案件も受けたりして、疲弊することもありました。徐々に実績で仕事が取れるようになり、現在では、ブランディングライターとして、ベンチャー企業の採用広報や、メディアでのインタビュー記事執筆に携わって

います。

妊娠中には、ライターギルド『ヒキダス』も結成。今は、幼い息子を抱えながら、オンラインで自分のペースで仕事ができる働き方に満足しています。

今後も「書く」ことを仕事の軸として持ちながらも、子どもの成長など家族の状況にあわせて、柔軟に仕事のスタイルやクライアントを変えていきたいです。将来的には、ハウステンボスの別荘地で家族と暮らしながら、のんびり仕事をするのが夢です。

Target ― ペルソナ設計 ―

1. ターゲットはどんな人ですか？

2. ターゲットの悩みは何ですか？

3. ターゲットの「不安」「不満」「不足」は何ですか？

4. ターゲットの「顕在的ニーズ」「潜在的ニーズ」は何ですか？

ペルソナ

〈プロフィール〉
ニックネーム：
年齢：
性別：
居住地：
家族構成：
職業：
年収：
学歴：

〈ライフスタイル・価値観〉

My Service ― 商品設計 ―

1. フロントエンド

→

2. バックエンド

2. 商品・サービスのゴールは？

3. 商品・サービスの中身は？

4. 商品・サービスの言語化（エレベーターピッチ）

Target ― ペルソナ設計 ―

1. ターゲットはどんな人ですか？

年に1〜2回程、海外旅行に行くのが好きな都会に住む20〜30代の独身女性

2. ターゲットの悩みは何ですか？

海外旅行でなかなかおしゃれな写真が撮れない、インスタ映えするスポットが分からない

3. ターゲットの「不安」「不満」「不足」は何ですか？

不安 →自分たちだけでインスタ映えするツウな場所に行けるかどうか不安
不満 →海外のおしゃれスポットが合っても自力で行くのが難しい
不足 →インスタ映えする海外のおしゃれスポットが分からない、情報が得られない

4. ターゲットの「顕在的ニーズ」「潜在的ニーズ」は何ですか？

海外旅行先で、インスタ映えする写真をたくさん撮りたい　→顕在的ニーズ
海外のおしゃれな写真をインスタに載せてチヤホヤされたい　→潜在的ニーズ

ペルソナ

〈プロフィール〉
ニックネーム：ちゃんまり
年齢：31歳
性別：女性
居住地：東京品川区
家族構成：一人暮らし
職業：大手金融一般職
年収：700万円
学歴：中央大学

〈ライフスタイル・価値観〉

仕事は中堅になってきて、つまらないと感じつつも福利厚生がいいので辞められない。

独身の友人と長期休みに海外に行くのが趣味。普段はインスタを見ている。休日は、ヨガや友人とランチ、韓国ドラマ。

結婚しても都会でキラキラした生活を送りたい。

My Service ― 商品設計 ―

1. フロントエンド

おしゃれな写真が撮れる旅先プランのコンサルティング1時間

→

2. バックエンド

おしゃれな写真が撮れる旅先プランの全行程、ホテル、食事などのコーディネート

2. 商品・サービスのゴールは？

おしゃれな写真がたくさん撮れる海外旅行プランになるように、インスタ映えスポットをおさえた効率の良い旅行工程を全て組んで提供。パッケージではなく、自由に効率よくおしゃれな海外旅行先をめぐることができる。

3. 商品・サービスの中身は？

サービス提供：カウンセリング1時間、旅行日程表のご提案
内容：海外旅行の観光スポット、ホテル、食事および工程の交通手段などすべて記載した旅のしおりを納品（予約はお客さま自身）
金額：3万円
強み・特徴：
インスタ映え、おしゃれ海外旅行旅に特化、ツウな情報が知れる

4. 商品・サービスの言語化（エレベーターピッチ）

私は、【海外旅行でおしゃれなスポットを巡れない悩み】を解決したいと思い、【20〜30代の海外旅行好きな独身女性】向けの、【GenicTabi】という【おしゃれ海外旅行プランニングサービス】を作りました。

【効率よくおしゃれなスポットを自由に巡るメリット】があり、今までの【インスタで必死に情報を探すこと】とは異なり、【プロにニーズに合った旅行プランを組んでもらえること】があります。【海外旅行先の観光スポット、ホテル、食事、及び工程の交通手段などすべて記載した旅のしおりを納品】で【団体旅行でイマイチ、調べるのが大変だった旅行先がおしゃれで自由度が高くなり】【最高におしゃれな写真が撮れる旅行】を手に入れることができます。

第5章

お客さまに愛され続ける「ブランディング」の設計

そもそもブランディングとは

前章で、商品設計、つまりケーキの中身作りを行いました。ここからは、ブランディング設計を行っていきます。

ケーキの中身がいくら美味しくても、見た目がイマイチだとお客さまに手に取ってもらえません。中身の良さをきちんと伝え、つい手に取りたくなる魅力的な見た目に整えるのがブランディングです。

昔、『失恋ショコラティエ』というドラマで、石原さとみさん演じるサエコのセリフがまさにブランディングの本質が詰まった言葉でした。

お菓子だって味だけで十分美味しいのに、
それでも売れるためには形や色を可愛くしたり、
綺麗な箱に入れたり、愛される努力が必要なんだなって思うし……
意識的にでも無意識的にでも、
人の気を引く努力をしてる人が好かれてるんだと思うんですよね。

恋愛でも、選んでもらうために努力が必要という趣旨ですが、これはビジネスでも重要な視点です。**味も中身もいいのは当たり前。そこからいかに選んでもらうかがビジネスの命運を分けます。**選んでもらう戦略がブランディング設計になります。

そもそもブランディングとは何でしょうか。ブランディングとは、自社や自分の独自ブランドを作り、顧客や世の中から信頼や共感を得て、価値向上や競合との差別化などを目指すマーケティング戦略のひとつです。

「ブランド」と聞くと、高級ブランドや大手企業のブランドが想起されますが、ブランドの定義とは、**「見聞きした瞬間に、頭に浮かぶ独自のイメージの集合体」**です。

わかりやすくいうと、「らしさの集合体」です。ブランディングは、広告のように短期で結果が出るものではなく、長期的な信頼の積み重ねで出来上がっていきます。

ブランディング設計のフロー

- ❶ 目的（WHY）の言語化
- ❷ 機能的ベネフィット／情緒的ベネフィット／自己実現的ベネフィット
- ❸ コンセプト設計／コピーライティング
- ❹ 世界観を決める
- ❺ 肩書・プロフィール／魅せ方ブランディング

また、ブランディングは、商品・サービスの提供側のみで完成するものではありません。どういうことかと言うと、ブランドを想起するのは顧客側です。たとえば、ユニクロと聞くと、「低価格」「高品質」と考えるのは顧客の頭の中なのです。

顧客の頭の中にイメージされるものを、商品・サービスの提供側が意図したものにしていく活動・施策がブランディングです。

よって、ブランディングでは、顧客や事業の関係者（ステークホルダー）との長期的なコミュニケーションの積み重ねが重要です。ブランドは、お客さまとの対話や口コミを通じてより精度が上がりブラッシュアップされます。

スモールビジネスこそブランディングが必要な理由

ブランディングは、大手企業がやることだと思っていませんか。実はスモールビジネスこそブランディングが必須と私は考えます。今ではオンラインの普及も相まって、起業する人が増えています。新進気鋭なスタートアップでもない限り、提供する商品・サービス自体はどうしても似通ってきます。

たとえば、コーチングをする人は、どれくらいいるでしょうか。私の肌感としては、おそらくコンビニや美容院の数くらいにはいると思います。つまり、数多いる競合の中から選んでもらうには、ブランディングが必要になってきます。

では、ブランディングを行わないと、どうなるでしょうか。

まず、**競合に埋もれ、価格競争に陥ります**。ブランディングで差別化を行い、付加価値を創出することによって、価格競争から脱出できます。

2点目は、SNSの普及で、情報過多の時代となり、人が商品を選ぶのが困難になりました。よって、ブランディングを行わないと、**似たような商品・サービスが多い中で、選んでもらえません**。

人は選択肢が多すぎるとひとつのものを選ぶのが難しくなり、選択すること自体をやめることもあります。情報過多の現代、似たような商品・サービスも、似たような発信も多く、選ぶほうもストレスを感じます。

3点目は、スモールビジネスこそブランディングを行わないと、**信頼感を担保できず、「怪しい」と見られてしまう**ことです。

特に、オンラインだけのビジネスなどは、起業のハードルも低い分、玉石混交です。きちんとブランディングを行わないと、一緒くたに「怪しい」から選ばれないという状況になりかねません。ブランディングで差別化を図ると同時に、信頼感も担保できます。

「〇〇と言えば、△△だよね」と思い出してもらう行為がブランディングなのです。その「△△だよね」の部分を、より精度を高めブラッシュアップしていくだけで、競合と比較されず選んでもらえる商品・サービス・人になれます。

ブランディングで具体的に行うべきこと

【ポイント❶】タッチポイント（接点）すべてがブランドになる

人とブランドの接点をタッチポイントと言います。人はさまざまなタッチポイントでブランドに触れ、それを繰り返すことでブランドはどんどん強固に構築されます。それ故、すべてのタッチポイントがお客さまとの接点となり、ブランドになります。

【ポイント❷】ブランディングは統一感が必須

ＳＮＳの普及でタッチポイントが激増したことによって、ブランドの統一感のコントロールが重要となりました。タッチポイント間でのズレをなくし、どこのタッチポイントでも同じイメージを想起させなければいけません。

たとえば、あるＳＮＳでは「カジュアル」な印象で、別のＳＮＳでは、「高級感」がある場合、見る側は違和感を抱き、混乱します。どこのタッチポイントで見つけられても同じイメージを抱いてもらえるように統一しましょう。

【ポイント③】ブランディングは事業を行う会社にも、人にも必要

ブランディングはタッチポイントのみならず、事業を行う人や企業にも必要になります。事業自体のブランディングと、事業を行う企業や人のブランディングがかけ離れていたら、違和感や不信感も出ます。

事業のみならず、事業を提供する企業や人もブランドになります。そして、事業とのズレをなくすことが重要です。

特に、スモールビジネスの場合は、事業と事業を行う人の距離が近いです。まだ属人性が高く、人のブランディングも重要になってきます。

では、ここからは具体的なステップに分けてご説明します。

「目的の言語化」でブランドのコアを作る

ここから「ブランドのコア」を見つけていきます。ブランドのコアが、ブランディングすべての土台で、土台が弱いとブランディング設計がグラグラになるからです。

ブランドのコアは、「目的」と「ベネフィット（利益）」から成り立ちます。まずは、目的から説明していきます。

そもそも、なぜ目的を決めないといけないのでしょうか。先ほどもお話ししたように、たとえばコーチングをやる人はたくさんいます。コーチ自身の違いやコーチングの流派の違いなどはありますが、提供するサービス内容自体は大体がマンツーマンセッションで大差ないのではないでしょうか。

そんなときに、どこで違いを感じるかというと、そのコーチやサービスがどんな目的でやっているのか、そして、どこに向かっているのかです。

コーチAは、日々の習慣化をサポートしたいと謳っている。コーチBは、5年後、10年後になりたい自分になるサポートしたいと謳っている。どこを目的に置くかで、お客さまを連れていける未来も変わります。

似たようなサービスも多いので、ベネフィットだけではなく、目的もきちんと言語化しないと選ばれない時代になっているのです。

では、ここからは具体的な「目的の見つけ方」をご紹介します。

まず、目的も要素分解して、「パーパス」「ミッション」「ビジョン」「バリュー」の4つになります。それぞれの英語の頭文字をとって「PMVV」とも言われます。ひとつずつご説明し、簡単なワークを行います。

【パーパス】なぜそのビジネスが存在するのか？

パーパス（目的）とは、事業を行う目的や存在意義です。ここが一番重要かつ上位概念になります。

何のためにやっているかというのは、一番人の心に響きます。世のため、人のために、このビジネスがなぜ存在すべきか考えましょう。

- この事業を世の中に提供すべき理由は？
- この事業は世の中にどんな影響を与える？（影響力の大きさは気にしない）
- この事業をやることで世の中はどんなふうに変わる？

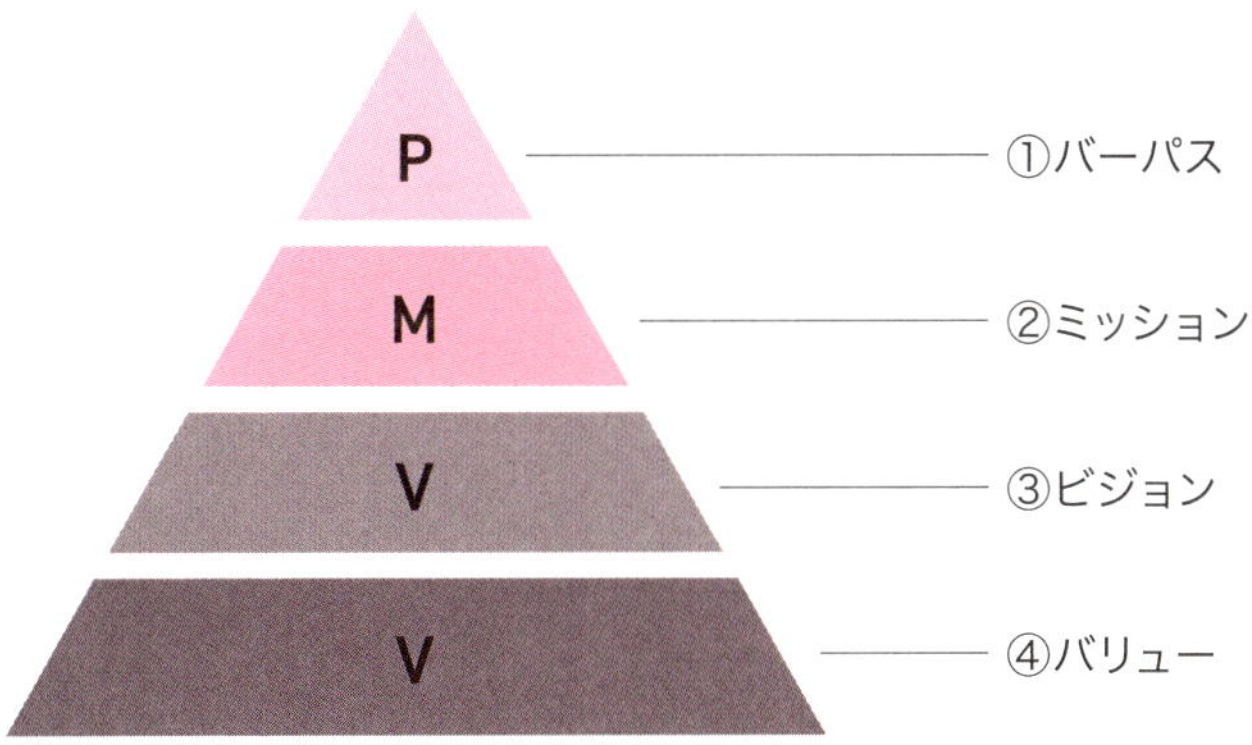

【ミッション】パーパスを叶えるために何をすべきか？

次に、そのパーパスを叶えるために何をすべきか考えます。自分の商品が、そのパーパスを満たすものであるかを考えます。

- パーパスを達成するために、何をすべき？
- パーパスを達成するために、どんな価値が提供できる？

【ビジョン】ミッションを実現していけば、どんな未来になるか？

3つ目は、ミッションを実現することによってどんな未来になるかを描きます。

- この事業を続けたら5年後、10年後どうなっている？
- この事業を通じて、どんな未来を作っていきたい？
- この事業で、どんな社会の課題を解決したい？

【バリュー】ミッション、ビジョンを実現していくために大切にすべき価値観は？

最後に、ミッション、ビジョンを達成するための価値観や行動指針を考えます。

- この事業を行っていくうえで大事にしたい価値観は？
- この事業を行っていくうえで大事な行動指針は？

実は目的を考えることは、日々の決断の際にも役立ちます。

機能面、情緒面、自己実現面からベネフィットを整理する

そもそもベネフィットとは何でしょうか。ベネフィットとは、商品やサービスを利用することで得られる利益や恩恵と定義されます。具体的には、商品・サービスを使うことで何がどう変わるのか、どんなものが得られるのかを意味します。

そして、ベネフィットにも種類があります。機能的ベネフィット、情緒的ベネフィット、自己実現的ベネフィットです。

【機能的ベネフィット】商品・サービスの機能や性能

性能や品質など、製品の機能に結びつくベネフィットです。たとえば、洗濯洗剤なら「衣類の汚れが落ちる」ことが、機能的ベネフィットとなります。

- この商品・サービスの機能や性能面でどのような問題が解決できる？

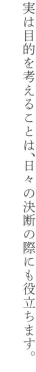

- この商品・サービスの主要な機能や特長は？
- 競合他社と比較して、この商品・サービスが優れている点は？

（例）海外旅行専門のコンサルタントが、顧客に合う最適な旅行プランを提案

【情緒的ベネフィット】商品・サービスから得られる感情

商品・サービスを購入したときに感じる感情に結びつくベネフィットです。たとえば、洗濯洗剤のベネフィットは、「気持ちいい」、「スッキリする」などです。

- この商品・サービスを提供すると、お客さまはどのような感情を抱く？
- この商品・サービスを提供すると、どんな満足感や喜びが得られる？
- この商品・サービスにお客さまはどんなイメージを抱いている？

（例）海外旅行先で最高におしゃれな写真がとれて大満足

【自己実現的ベネフィット】商品・サービスから得られる自己実現

最後に、商品・サービスを購入することで得られる「自分らしさ」「自己成長感」「自分の理

想の未来」に結びつくベネフィットです。たとえば、高級ブランドを購入したとき、「理想の自分に近づけた」などが挙げられます。

- この商品・サービスでお客さまはどのような自己成長を感じる？
- この商品・サービスでお客さまの夢や目標の実現にどう寄与できる？
- この商品・サービスでお客さまの自己肯定感や自信にどのような影響を与える？

（例）海外旅行先でイケてる写真を撮って、SNSに使用して「いいね」をもらう

以上が、3つの側面から考えるベネフィットです。

ここまでで、ブランディング設計をするうえで大事な材料が集まりました。

ここからは、集めた材料を元に具体的なブランド作りをします。言葉で表現するブランドメッセージ、デザインで表現する世界観、さらに商品・サービスを提供する起業家ご本人のブランディング設計を行います。

「ブランドメッセージ」（コンセプト、キャッチコピー）を作る

ではここからは言葉でブランドを作っていきます。

【コンセプト】

まずは、コンセプト作りです。コンセプトは、一言で商品・サービスがわかる言葉にします。「名詞」で終わるように端的にベネフィットをまとめます。たとえば、

- エアークローゼットの場合　↓　月額制洋服レンタルサービス
- ダイソンの場合　↓　吸引力の落ちないただひとつの掃除機
- スターバックスの場合　↓　サードプレイス（第三の場所）

（例）世界の映えスポットが巡れる海外旅行コンサルサービス

【キャッチコピー】

次に、キャッチコピーを作ります。キャッチコピーは、ＬＰ（ランディングページ）の一番冒頭に来るような短い文章です。一瞬で人を惹きつけ、興味も持たせ、さらには共感を呼ぶ

などの役割があります。

「そうだ 京都、行こう。」（ＪＲ東海）
「結婚しなくても幸せになれるこの時代に、私は、あなたと結婚したいのです。」（ゼクシィ）

有名なコピーから着想を得るのもおすすめです。特に、ＬＰやＨＰは、一瞬で人が離脱します。なので、印象に残り、かつ商品の魅力を伝える一言を考えます。

（例）最高におしゃれでクリエイティブな旅を！

【メッセージ】
最後に、メッセージです。サブコピーやボディコピーと呼ばれることもあります。考えたキャッチコピーの補足の情報を補う役割もあります。キャッチコピーは短い文章になるので、目的もベネフィットも一部になってしまいます。

なので、メッセージには、目的やベネフィットを入れて、キャッチコピーだけ読んで「どういうことだろう？」と考えて立ち止まった人にも、ちゃんと理解させることが重要です。

ＬＰの構成をイメージして、キャッチコピーの次に、どんな言葉が来たら、「お客さまがもっと興味を持ってくれるか」、「もっと心に刺さるか」など逆算して考えます。

長さも特に決まりはないので、伝えたいメッセージがちゃんと伝わるか、そして長すぎて離脱されないかの両面からバランスをとりましょう。

以上が、ブランディング戦略の言葉作りの部分です。すべてに共通しますが、初めから完璧を求めなくて大丈夫です。やりながら、ブラッシュアップしましょう。

世界観を決める

ここからはデザイン面でブランディング戦略を立てます。ブランディングのポイントは「統一感」です。どこで見つけられても、同じ印象となるよう統一します。

✓デザインのキーワード集め

まず、初めに行うのが、デザインや世界観を作る上で大事な指針になるキーワード集めです。ここのキーワードが決まらないと、デザインの統一がとれません。

ここのポイントが、抽象度が高い言葉や、個人の感覚によってイメージが異なる言葉を避けることです。たとえば、「おしゃれな」という言葉は、人によってイメージが大きく異なりやすいです。

「可愛い」「カジュアル」「高級な」など、おしゃれをもう一歩深掘りしてみます。そして、キーワードもひとつに絞らず、何個か出します。

✓色味

次に、色味を決めていきます。色味は、2〜3色くらい決めます。メインカラーとサブカラーです。先ほど決めたキーワードの世界観を体現するカラーを決めます。ネットで、「カラーパレット」「配色」で検索すると参考になる色の配色がわかります。

✓キービジュアル

キービジュアルも決めていきます。キービジュアルがないこともありますが、キービジュアルがあったほうが、人の印象にも残りやすいです。たとえば、妊婦向けのサービスを行う場合は、コウノトリなどです。

✓ロゴ

ロゴもあったほうがいいです。SNSのアイコンにもなりますし、パッと一目見て覚えてもらいやすいからです。

【世界観作りのポイント】

世界観作りはデザインに関わるので、外注もおすすめです。

✓外注化を検討

ロゴ制作などは、プロの力を借りるほうが圧倒的に早いです。今ならココナラなどで数万円くらい外注費をかければできます。それでも自分で作ってみたいという場合は、Ｃａｎｖａでロゴを探して、自分用にアレンジすることもできます。

✓ピンタレストを活用

そして、思い通りのデザインに仕上げるコツは、参考になるイメージを集めることです。今だと、ピンタレストなどでおしゃれなデザインがたくさん載っています。自分のイメージに近いものを集めて構想を練ります。

また、デザイナーに外注する場合も、言葉の指示だけだと曖昧になるので、参考デザインを共有します。

起業家自身の自己ブランディング

そして、最後に重要なのが、起業家になるあなた自身のブランディングです。特に初期は、事業＝起業家ご自身であり、似たようなサービスがたくさんある中で、お客さまに選んでもらえる理由が「人柄」ということも多いです。ＳＮＳのプロフィールなどにも使うので、このタイミングでしっかり設計しましょう。

✓肩書

まずは、肩書です。あなたを一目見たときに、どんな人かわかる肩書にしましょう。

たとえば、〇〇コーチ、〇〇プロデューサー、〇〇カウンセラーなどです。〇〇には、オリジナルで作ったり、組み合わせたりした言葉を入れてもＯＫです。

一点、注意なのが、誰が読んでも意味がわかる言葉にしましょう。一発で意味が通じないと、せっかく興味を持ってきてくれた人も、一瞬で離脱してしまいます。

（例）世界の映えスポットコンシェルジュ

✓キャッチコピー

肩書の次に、どんな活動をしているか、関わるとどんなメリットがあるかわかる一文をキャッチコピーとして考えます。ＳＮＳでも、プロフィールの冒頭に置きます。

事業のブランドメッセージ作りと同様で、材料になる言葉を集めて、アイデアを出せるだけ出して絞っていきます。ＳＮＳで競合をリサーチするのもおすすめです。

（例）ツウでイケてる世界中の映えスポットを紹介

✓プロフィール

次は、プロフィールです。プロフィールは、ＳＮＳでもＬＰやＨＰでも、いろんなところで使用するので、初めに固めておくと後々便利です。

- あなたの実績は？
- あなたの強みは？
- あなたのキャラクターが見える一言は？

✓魅せ方のコントロール

最後に、魅せ方のコントロールも行います。

ここまでご自身のブランディングを固めてきたと思いますが、それが見た目の印象とちぐはぐになっていたらもったいないです。たとえば、サービスやご自身の肩書は、管理職向けコーチングをやっているのに、SNSのアイコンが、キャンプにいったときのプライベートの写真だとどうでしょうか。

確かに親しみやすさはあるかもしれませんが、管理職のようなエグゼクティブ向けサービスをやっている人に見えず、仕事を頼みたくはなりません。

- 自分の印象（ブランド）がよく伝わる場所は？
- 自分の印象（ブランド）がよく伝わる持ち物は？
- 自分の印象（ブランド）がよく伝わるシーンは？（例：講演風景）

（例）おしゃれな海外の風景をバックにしたプロフィール写真

＊＊＊

【実際に起業した女性の声】

突然キャリアを失っても「いつからでも夢は叶う」

枠超えキャリアコーチ　礒田あいさん

横浜国立大学を卒業後、大手通信会社に入社し総合職として約12年勤務。しかし、パートナーの海外赴任をきっかけに退職した後、キャリアも人間関係もすべてゼロスタート。「〇〇さんの奥さん」と名前すら呼ばれない状況に、自分のアイデンティティを喪失しました。優雅な海外生活とは裏腹に孤独と葛藤を抱えていました。

長く自分の想いに蓋をしており、当初は自分が何をしたいのかわかりませんでした。そのため、とにかく習い事(リボン教室、料理教室、語学学校、ヨガやピラティス)にチャレンジする時期を過ごし、やってもやってもやりたいことが見つからないループへ。

そんな時に、コーチングと出会い、キャリアの軸は外側ではなく内側にあることに気づきました。そのとき、会社員時代に母校の学生の就職支援を行ったときとてもやりがいを感じたことを思い出しました。

そこから、国家資格キャリアコンサルタントを取得しキャリア支援を軸に起業しました。また、世界22カ国１３０名の女性コミュニティも主宰したり、海外情報誌にコラムも書いたり、国内外でキャリア講演やワークショップを行っています。

今後もビジネスを通じて住む場所や肩書きに依存せず、しなやかに生き、「いつからでも夢は叶う」女性を増やしたいです。

＊＊＊

家庭との両立に困っても、自分で道は作れる

オフィスCocoro'O'Dor　代表　小松亜美さん

大手証券会社の営業を経て、その後医薬品会社で営業事務や経理、ＩＴ企業でシステム開発など、幅広い職種の経験がありました。

起業したきっかけは小１の壁でした。保育園の頃のように学童に預けることもできず、長男の精神的負担などもあり、フルリモートで働ける会社を探しましたが、当時あまりなく、「ないなら自分で作るしかない」と独立を決意しました。

現在は、ＷｅｂデザインＳＮＳ・Ｋｉｎｄｌｅ出版を活用した集客導線の設計から実

装までをオールインワンで提供するサービスを行っています。また、Ｗｅｂデザイナーのオンラインサロンも運営し、現在７００名が参加しています。

起業してから、自分で働く時間や場所を決められるため、子どもとの時間を確保しながら、自分の裁量で行動できることや、成果が自分の努力や工夫に直結するため、大きなやりがいと達成感を得ることができました。起業を選んで本当に良かったです。

今後は、事業主やフリーランスが「安価な労働」に縛られることなく、自身の価値を正当に評価される市場環境を創出したいと思います。

Branding ―ベネフィット―

【機能的ベネフィット】商品・サービスの機能や性能は？

【情緒的ベネフィット】商品・サービスのから得られる感情は？

【自己実現的ベネフィット】商品・サービスのから得られる自己実現は？

Branding ―目的―

P 【パーパス】なぜそのビジネスが存在するのか？

M 【ミッション】パーパスを叶えるために何をすべきか？

V 【ビジョン】ミッションを実現していけば、どんな未来になるか？

V 【バリュー】ビジョンを実現していくために大切にすべき価値観は？

【デザインキーワード】

【色味・キービジュアル】

【肩書】

【キャッチコピー】

【プロフィール】

【起業家ブランディング】印象が伝わる場所、持ち物、シーン、人間関係

Branding ―ブランディング設計―

【コンセプト】商品･サービを一言で言うと?

【キャッチコピー】一番伝えたいメッセージは?

【メッセージ】キャッチコピーを補う伝えたい想いは?

第6章

お客さまが途切れない「集客導線」の設計

初めに集客導線を描くべき理由

ここまでで、ケーキの中身作り（商品設計）、ケーキの見た目作り（ブランディング設計）をしましたが、最後は、ケーキの売り場作り、つまり集客導線の設計です。

いくらケーキの味が美味しくても、ケーキの見た目が可愛くても、素敵なケーキのお店にしないと誰も買ってくれません。ましてや、人通りの多いところにお店を構えないと誰にも気づいてもらえない可能性もあります。

意外と、最後の集客導線のところでミスをしている人も多いです。ターゲットがあまりいないＳＮＳで発信を続けている、お客さまのサービス購入までの集客導線が複雑など、ターゲット視点での導線の設計ができていなかったりします。

集客導線の設計のフロー

認知						興味	検索	行動	共有
可能性のある導線を引く	各SNS媒体の理解	SNS発信コンテンツ	ターゲットに刺さる発信	SNS運用戦略	SNS以外の導線	ファン化を促す	LPなどを整える	セールスの魔法	お客さんが成果を出す

せっかく素敵な商品・サービスを作って、ブランディングを整えたのに、最後に見込み客に気づいてもらえない、買ってもらえないのは、もったいないことです。

集客導線を整え、適切な集客プロモーションを行うことで、お客さまが途切れない安定した事業になります。集客導線の設計で重要なポイントをお話しします。

【ポイント❶】知ってもらえる可能性があるところにはすべて導線を引く

あなたは、集客はSNS一択だと思っていないでしょうか。もちろん、SNSも重要ですが、SNS以外からも集客はできます。

一度、広い視点でターゲットがどこから来るか考えてみましょう。そして、知ってもらえる可能性があるものにはすべて導線を引きます。そのうえで、実際

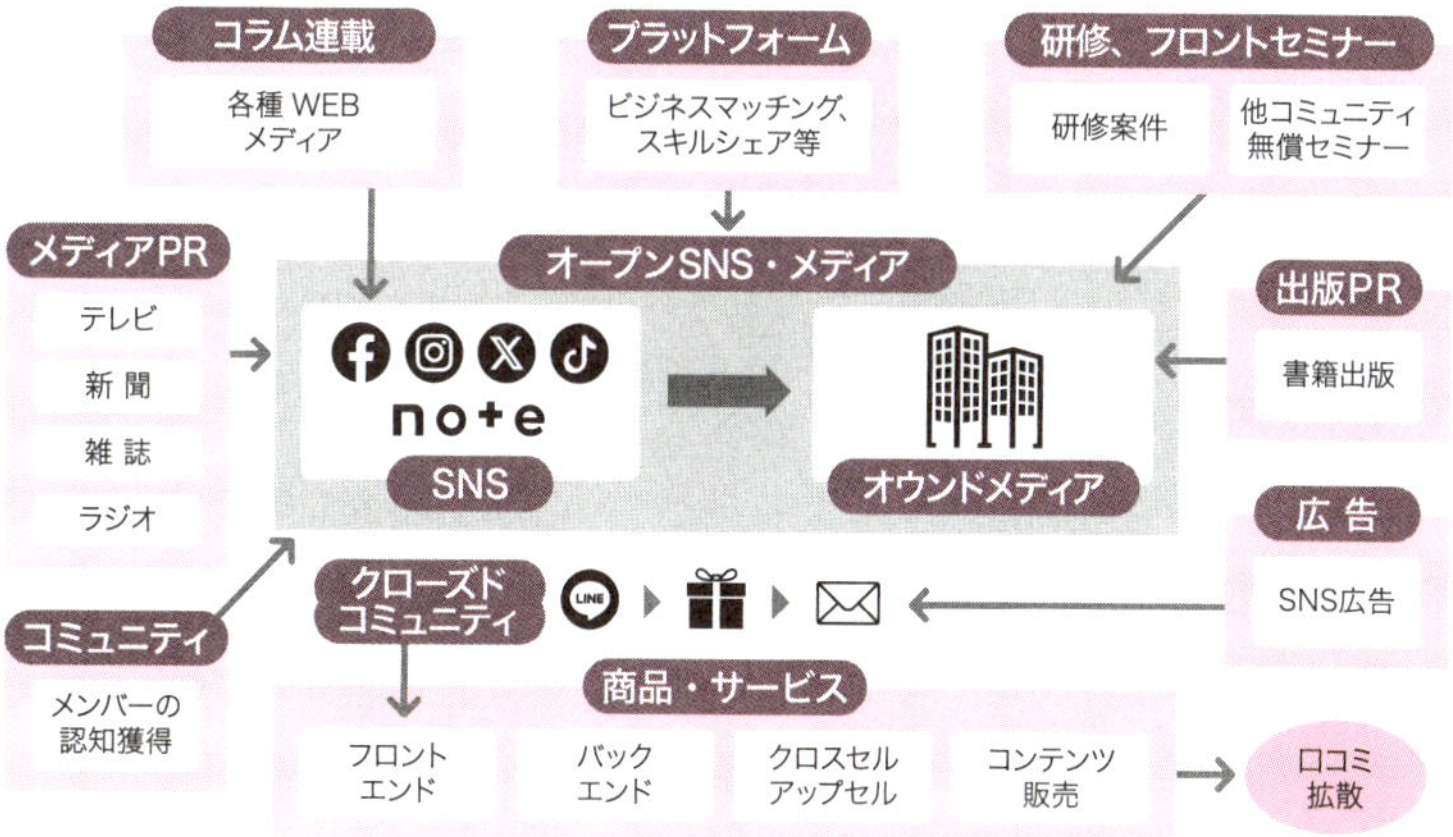

に運用してみて可能性のないものはどんどん削ればいいのです。

私自身も、SNSからも集客できますし、その他の経路からもお客さまが来てくれます。忘れた頃にお客さまが来ることもあります。最初からスマートな導線設計は目指さず、泥臭くやりましょう。

【ポイント❷】フロー型とストック型を使い分ける

特に、SNSにはフロー型とストック型があります。いわゆる情報がどんどん更新されて流れていくのがフロー型で、X(旧Twitter)やインスタグラムなどです。情報鮮度が低いものは見られなくなりますが、認知はとりやすいです。

一方、ストック型は、情報を更新すればするほど、コンテンツがたまっていくもので、YouTubeやブログが該当します。YouTubeやブログは更新の手軽さはフロー型と比較して少ないですが、

	フロー型SNS	ストック型SNS
	X、インスタ、facebook、TikTokなど	YouTube、アメブロ、noteなど
認知獲得	◎	○
拡散性	◎	○
資産性	△	◎
情報量(文章/尺)	少ない〜普通	多い
編集の負荷	軽い〜普通	重たい

一度作ってしまえば、勝手に集客してくれるというメリットがあります。集客にはどちらも重要です。

【ポイント③】何度もアプローチして泥臭く集客する

最後はマインド論に近いですが、特に起業初期はよっぽど何かに恵まれたスター性のある人でもない限り、誰にも気づいてもらえません。それを心得ておきましょう。

よくあるのが、ちょっとSNS更新を頑張ったくらいで、「全然反応がもらえません」「全然集客できません」というお悩みがあります。

しかし、それは至極当たり前です。最初から注目を浴びるなんてことは、まずないです。私も過去そうだったのですが……自分に期待しすぎです。きっと、今有名なインフルエンサーも、初めは「いいね」が1件とかで、それでもめげずに続けたからこそ今の地位にいるのではないでしょうか。

集客をやっていてなかなか結果がでないと、「これをやり続けて意味あるのかな」とか、「やっていることや発信内容が間違っているんじゃないか」と不安になると思います。

しかし、本当に泥臭く量をこなして集客・営業してみて、初めて検証すべきことです。まずは初めからスマートに勝とうとせず、泥臭く地道に頑張りましょう。

集客導線の設計で欠かせない顧客心理と距離感

集客導線の設計の前に考えるべきことがあります。それは、見込み客とのタッチポイントと顧客心理の整理です。つまり、顧客との心理的距離感に応じた適切なアプローチやコミュニケーションをとることが重要です。

恋愛に例えるなら、相手との距離感を考え、それに応じたアプローチをしないと、相手は引いてしまいます。極端ですが、初めて会った日にプロポーズするなどです。恋愛に例えると、それはあり得ないと思いますが、ビジネスでは意外と落とし穴です。

恋愛では、初めて会った日は、まずお互いのことを知る。何回かデートを重ねるうちに親密になって、付き合うというステップを経る。

ビジネスでも見込み客との心理的距離感や心理状況を把握して、それに応じたアプローチをしましょう。

顧客が商品を認知し、購入までのプロセスを段階毎に分けて図式化したものをマーケティングファネルと言います。ファネルとは、英語の「漏斗」を指し、下に行けば行くほど、各段階でふるいにかけられるので、数が減り純度（本気度）が高まります。

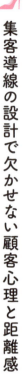

インターネットが発達した現代の顧客の購買行動は、「ＡＩＳＡＳ」というフレームワークが主流になっています。

ＡＩＳＡＳとは、Ａｔｔｅｎｔｉｏｎ（認知・注意）・Ｉｎｔｅｒｅｓｔ（興味・関心）・Ｓｅａｒｃｈ（検索）・Ａｃｔｉｏｎ（行動）・Ｓｈａｒｅ（共有）の頭文字を組み合わせた造語で、消費者が実際に商品を認知してから購入するまでの購買行動モデルのひとつです。

このＡＩＳＡＳに沿って、これから各フェーズでの施策を考えますが、実際のビジネスの現場では、もっと複雑で顧客毎に購買までのルートが異なることはよくあります。

商品設計、ブランディング設計と同じで、初めから完璧は求めずに、いったん仮くらいの気持ちで進めてＯＫです。集客導線も実際に運用してみて、流入が

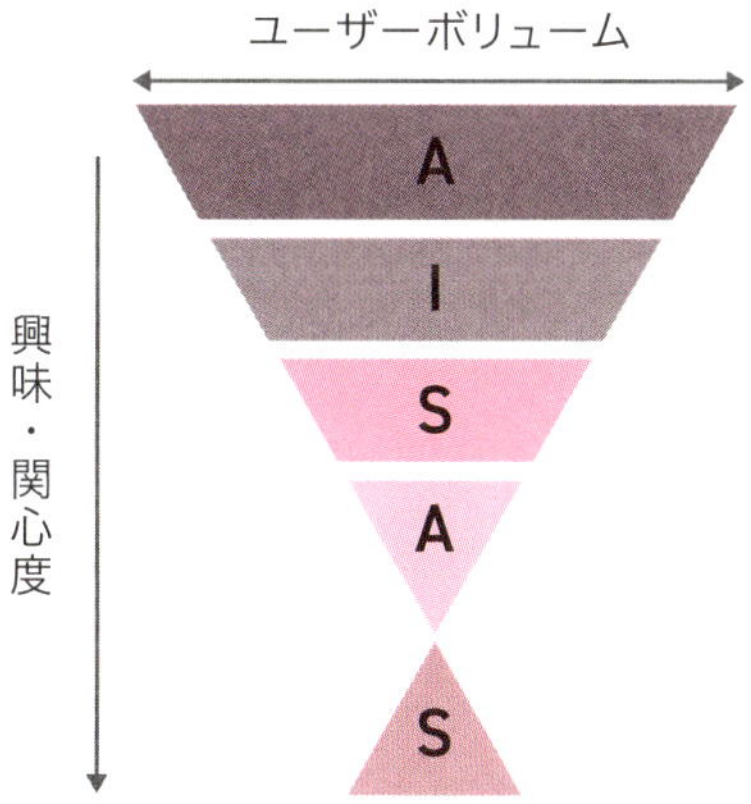

多い経路、少ない経路なども出てくるので、定期的に見直します。

【認知】知ってもらえる可能性があるものはどこでも導線を引く

ここまでで、集客導線の全体像がわかったと思うので、次は、フェーズごとに説明いたします。まずは、「認知」です。

認知の施策を考える前に、あなたに考えてほしいことがあります。それは、見込み客の感情や行動です。集客の設計すべてに共通していますが、見込み客と商品・サービスの距離感や興味度によって、アプローチや訴求メッセージを変えないといけません。

前述の恋愛のお話と一緒です。マーケティング用語では、カスタマージャーニーと言われ、顧客が商品と出会い、そこから購入に至るまでのプロセスです。

【認知】見込み客の行動・感情・思考は？

では、認知をするタイミングでは、見込み客はどんなことを考えて、どんなことを思って、どんな行動をとっているでしょうか。ここを分析・仮説を立てないと、認知をとるための活動も的外れになってしまいます。

（例）

- 見込み客の行動は？　↓　インスタハッシュタグ検索で海外旅行の発信者を探す
- 見込み客の感情は？　↓　なかなかおしゃれなスポットが見つからずイライラ
- 見込み客の思考は？　↓　忙しくて時間がないから誰かおすすめ教えて

見込み客の行動・感情・思考を整理すると、集客導線を設計するうえで、タッチポイントや、訴求メッセージなどが自ずと逆算でわかるようになります。

【認知】集客のセンターピンとなる各SNS媒体の特徴

ビジネスを行っていくうえで、まずSNSは集客の要となります。集客の手段はSNS以外にもたくさんありますが、SNSの多くは無料でスタートできること、起業初期は商品・サービスが属人化しやすいので人柄で選ばれやすいことなどから、SNS集客は欠かせません。時間と労力さえかければ結果にもつながりやすいです。

とは言え、SNSも闇雲にやらず、賢い戦略も必要です。ここでは、各種SNSの特徴を知り、運用の方向性を決めていきます。

商品・サービスやターゲットによって、合うSNSも変わってくるので、今まで作成してきた商品設計、ブランディング設計と照らし合わせながら取り組みましょう。

【フロー型SNSとストック型SNSのバランス】

フロー型SNSは、情報鮮度が高く認知をとりやすいですが、更新し続けなければいけないラットレース(回し車をひたすら走るハムスター)です。

一方で、ストック型SNSは、YouTubeやブログのように、更新したものがどんどんストックされていき、更新すればするほど資産性が高まるという強みがあります。

しかし、その資産性を発揮するのも、ストックがたくさんたまってからなので、結果が出るまで時間がかかります。フロー型のように瞬発力は少ないです。

また、フロー型とストック型で投稿文の長さや動画の尺も異なります。フロー型は認知をとりやすく、ストック型はより深く知ってもらうのに適しています。

では、どうやって発信するSNSを決めるかですが、まずはフロー型SNSをひとつ、ストック型SNSをひとつに絞ります。

慣れてきたら増やしてもよいですが、最初から手広くやるとどれも中途半端になってしまうので、いったん絞りましょう。それも難しい場合は、フロー型のＳＮＳひとつに絞って認知をとるほうが重要です。

そして、あるＳＮＳで発信したコンテンツを、別のＳＮＳで焼き直して発信することもできます。

ＳＮＳ発信が続かない原因は、発信コンテンツの枯渇と、ＳＮＳの反応が薄く、モチベーションが続かないということではないでしょうか。

発信コンテンツに関しては、ＳＮＳが違えば、コンテンツを焼き直しできます。ＳＮＳごとにそこにいる人たちが違うので、同じコンテンツを使いまわしても誰も気にしません。

ＳＮＳ発信は、真面目に考えすぎず、いかに発信し続けられるかを逆算して設計しましょう。ＳＮＳ発信をライバルは数カ月でやめていくので続けたもの勝ちです。

では、ここからは各ＳＮＳの特徴を簡単に紹介いたします。ＳＮＳごとに専門書もたくさん出ているので、ここでは概要だけお話しします。

■フロー型SNS

✓X（旧Twitter）

Xは、文字だけで投稿できる最も手軽なSNSです。

男性女性比率は半々くらいで、年齢層は20代、30代の若年層がメインのSNSです。リアルタイム性が強く、ニュースメディアに近い要素もあります。また、拡散力の強いSNSです。

ビジネス感度の高いユーザーも多く、ビジネス系の商品・サービスはマッチしやすいです。

●おすすめの商材→転職、起業、ビジネススキル、資格取得、投資

✓Instagram

インスタグラムは、ビジュアル訴求が強いSNSです。

若い女性の比率が高いです。インスタグラムの機能として、フィード投稿だけではなく、インスタライブやストーリーズ（24時間で消える投稿）、リール（ショート動画）など、幅広くあり、さまざまな角度から訴求できます。

他のSNSと比較して拡散はしづらいのが特徴です。女性向けやビジュアル訴求したい商品・サービスが特におすすめのSNSです。

●おすすめの商材↓ファッション、美容、ダイエット、旅行、料理、ライフスタイル

✓facebook

ｆａｃｅｂｏｏｋは実名登録なので、ビジネスにおいて信頼性を担保しやすいＳＮＳです。

ユーザーは40代〜50代の男性が最も多いです。機能としては、画像と文章の投稿とストーリーズ投稿で、同じＭｅｔａ社が提供していることもあり、インスタグラムと連携して同じ投稿をどちらにもできます。

年配の男性ユーザーや中小企業の経営者も多く、企業向けに案件をとりたい人にはおすすめのＳＮＳです。

●おすすめの商材↓法人向け商材、ビジネス、転職、起業、資格取得

✓TikTok

ＴｉｋＴｏｋは、ショート動画のＳＮＳになります。

10代、20代の若年層が多いですが、40代も多く、幅広い年齢層が使用しています。ショート動画のＳＮＳなので、運用するにあたって動画編集などひと手間かかりますが、拡散性に優

れているので認知はとりやすいです。

最近では、ビジネス目的で運用する人も増えました。インスタグラムで作成したコンテンツをＴｉｋＴｏｋで使いまわすのもおすすめです。

● おすすめの商材→美容、料理、エンタメコンテンツ

■ストック型ＳＮＳ

✓YouTube

ＹｏｕＴｕｂｅは、ショート動画から長尺動画までが見れる動画コンテンツプラットフォームなので、ご自身や商品・サービスの魅力を一番ダイレクトに伝えられるＳＮＳとも言えます。

ＹｏｕＴｕｂｅは若年層から中高年まで幅広い層が利用し、エンターテインメントからビジネスまで多種多様なコンテンツが見られます。ＹｏｕＴｕｂｅは、魅力がダイレクトに伝わりやすいので、ターゲットに刺さりやすくファン化しやすいです。

一方、動画の台本作成、撮影、編集など、企画～アップロードまでの作業も多く時間がかかります。よって、ＳＮＳ初心者には少しチャレンジする負荷はあります。ただ、一度投稿したコンテンツは、フロー型ＳＮＳのように流れていかず、資産としてどんどん蓄積されます。

●おすすめの商材↓料理、ビジネス全般、本、美容、ダイエット

✓アメブロ

アメブロは、30～50代の女性ユーザーが7割を占めます。

女性ターゲットの商品・サービスと相性がいいので、アメブロも根強い人気があります。おうちサロンやハンドメイドなど、女性の在宅起業でよく使われます。お客さまの声や、メニュー紹介など、フロー型SNSでは載せられないものをアメブロでしっかり訴求できます。

●おすすめの商材↓ハンドメイド、おうちサロン系、占い、起業

✓note

noteは、20～30代の若年層に人気のプラットフォームです。

ユーザーの男女比率も半々で、ビジネス感度の高い層が多いのが特徴です。noteは現時点では、ブログ投稿の際も複雑な機能はないので、デザイン面や編集面での煩わしさもなく、初心者でも使いやすいです。

有料記事と無料記事で分けることもできるので、限定公開したい内容を有料記事にする

のもおすすめです。

- おすすめの商材↓キャリア、ビジネス全般、ライフスタイル

【認知】SNS発信のコンテンツの探し方

では、ここからは、SNSで発信を続ける方法をお話しします。誰でも簡単に始めやすいのがSNS発信のメリットですが、発信を続ける人が少ないのも事実です。

発信コンテンツが枯渇する、運用方針を決めていないので気が向いた時だけ更新する、反応が薄くモチベーションが続かないなどが理由です。

ここから、どのSNSにも共通する運用するうえでの大事なポイントをお話しします。

✓発信コンテンツの探し方

発信が続くかどうかも、発信コンテンツが枯渇しないかどうか次第になります。しかし、初めから発信コンテンツが潤沢にある人なんて、よっぽど経験豊富な人や、実績がたくさんある人以外そうそういないと思います。

私自身がSNS発信を続けるうえでどうやって日々発信コンテンツを探しているかをご

紹介します。

・ネットやSNS上に落ちている悩みを100個拾ってくる

インフルエンサーの発信した内容に、たくさんコメントがついていると思います。その発信テーマに関する悩み事を書いている人もいるので、そこから拾ってきます。

また、Yahoo!知恵袋などでも、多くの人の生々しい悩みが見られるので、そこから拾ってきます。たとえば、これから海外旅行をしたい人をターゲットにしたコンテンツの場合、検索キーワードは、「海外旅行　悩み」「海外旅行　不安」などです。

自分の商品・サービスのターゲットが悩んでいそうなワードで検索し、100個のお悩みリストを作り、お悩みに回答する投稿を作れば大量のストックになります。

・自分の行動や挑戦を増やすと自ずとコンテンツになる

自分が何かに挑戦し、行動をするとたくさんの気づきや感じること、学びがあります。それを言語化して、発信していくだけでコンテンツになります。

そして、フォロワーが欲しい情報は、どこでも手に入る抽象度の高い情報ではなく、挑戦中のあなたのリアルな体験やノウハウです。やることは部屋にこもって発信コンテンツをひねり出すことではなく、ネタに思いつかないときこそ、どんどん活動しましょう。

・誰かとの対話でネタは生まれやすい（お客さま、メンター、起業仲間など）

誰かと対話するだけでもネタが出やすくなります。ネタを考えるのが苦手な人こそ、お客さま、メンター、起業仲間などの人にたくさん会いましょう。

・とにかく思いついたらメモ！　大量にメモする

これは、広告代理店時代に上司や先輩から口酸っぱく言われ続けたことですが、思いついたらすぐメモします。ちょっと気になった言葉、なぜかモヤモヤすること、ふと気づいたこと何でもＯＫです。そのネタ帳が、発信コンテンツの宝になります。

・本やＳＮＳでインプット。自分なりに考えたことを発信

インプットがないと、アウトプットできません。人の身体と同じです。アウトプットできないということは、インプットが足りていない証拠です。本屋やＳＮＳを見たり読んだりして、自分なりに感じたことや学んだことを言語化しましょう。

【認知】ターゲットに刺さる発信をする方法

では、具体的にターゲットに刺さる発信をするために重要なことをお話しします。まず重

要なのが、SNSはあくまでビジネス目的で運用しているということを認識しましょう。プライベートでSNSを楽しむ分には何を発信してもいいですが、あくまで集客の手段です。ここからSNS運用のよくある「落とし穴」をご紹介します。

【落とし穴❶】自分が発信したい内容になっている

意外とやってしまう落とし穴が、自分の発信したい内容になっているということです。自分が発信したい内容になっていませんか。本当にターゲットが欲しい情報を発信していますか。インフルエンサーの真似（モデリング）も必要ですが、自分の商品・サービスにマッチするのか、そしてターゲットが欲しているのか考えます。

【落とし穴❷】専門用語・業界用語が多い

ターゲットが、業界に特化した人である場合は、専門用語・業界用語を使うことでターゲットではない人を排除するという手法もあります。しかし、そうではない場合は、基本、専門用語・業界用語は避けましょう。

作った投稿コンテンツを投稿前に一度フラットに見て、業界用語・専門用語を使っていないかチェックします。小学生でもわかることを心がけると、業界以外の人でもわかる文章が書けます。

【落とし穴❸】抽象度が高すぎて、誰にも刺さらない

マインド論など、抽象度の高い投稿ばかりしていませんか。SNSで息の長いインフルエンサーの人は、マインド論や抽象度の高い投稿でもたくさん反応がもらえます。しかし、発信初心者のマインド論には実体験も伴わないので説得力に欠けます。

たとえば、「人生が上手くいく習慣〇選」などです。実体験を伴う具体的なハウツーであればOKです。しかし、中身も漠然と、「環境を変える」だけだと危険です。

どんな環境か？　環境を変えるとどんないいことが実際あったのか？　これくらい落とし込んでから投稿コンテンツにしましょう。

これからビジネスをしていくという方は、どうしても現時点ではネタがなく、ついマインド論などの発信をしたくなる気持ちもわかります。

しかし、それよりもご自身が行動して気づいたことを発信するほうがリアルな体験も伴うので、発信の価値が高まります。

【落とし穴❹】ターゲットの悩み解決をしていない

これだけ日々触れるコンテンツが増えている今、情報を見るメリットがないと、人は見向きもしません。

あなたの投稿は、ターゲットの悩みを解決する内容ですか。ターゲットが見て何かが変わ

る程、価値提供していますか。

特に、競合が多いジャンル程、ターゲットの悩みを解決し価値提供できているか、きちんと見直します。

【落とし穴❺】共感ポイントやストーリー性がない

そして、SNSで誰もが発信できる時代で、一昔前より情報の価値が下がっています。誰でも言えるような言葉には人は振り向かず、自分が実際に経験したこととそのときの気づきなど、その人にしか語れないストーリーにファンがつきます。

機能面でそこまで差がないなら、結局人が何かを買うとき、共感やストーリーで選ぶ時代となりました。発信内容に共感ポイントとストーリーを織り交ぜることが重要です。

【認知】SNS運用の戦略

では、ここからは挫折しないSNS運用のコツをお話しします。

運用方針を決める

SNS運用が続かない原因のひとつに、運用の明確なルールを決めていないことが挙げられます。気分で運用はＮＧです。運用ルールとして、初めにこちらを決めます。

- 投稿頻度（１日に○本、週に○本、月に○本）
- 作業する時間（朝起きたら必ず１本更新するなど）
- 投稿内容を考える時間の制限（30分で１本考えるなど）

投稿頻度を決めることによって、闇雲に焦ることもなく淡々と作業できます。作業時間を決めることで、発信を習慣化できます。投稿内容を考える時間の制限は、ダラダラと考えてもアイデアに差がないからです。「30分で考える」というように時間を制限することで締切効果もあり、効率よく投稿内容を考えることができます。

✓発信に必要なスキル

ＳＮＳ発信に必要なスキルを身につけることも重要です。発信に必要なスキルは「ライティングと数字の分析力」です。

ライティングスキルはあったほうが発信の質が上がります。タイトルひとつとっても、クリックされるかどうか需要なポイントになります。

数字の分析力は、投稿内容と反応（いいねやPVなど）を見て、PDCAを回せるようになるからです。数字を分析することで、ターゲットに求められているものがわかり、発信の戦略が立てやすくなります。発信に慣れてきたら、投稿毎に数値をとり、定期的に見直しましょう。

✓発信を続けるコツとマインドセット

最後に、SNS発信を続けるための重要なコツやマインドセットをお話しします。SNS発信は長期戦です。短期でバズをとる人も稀にいますが、ほとんどの人は地道に頑張ってじわじわと芽が出るものです。

今、フォロワーが1万人以上いるようなインフルエンサーもここを乗り越えてきたはずです。なかなか結果が出なくてくじけそうになるときもあると思いますが、そんなときこそこれからお話しするマインドセットを思い出していただければと思います。

✓SNSも人。媚びない、背伸びしない、自然体で発信する

SNSで、なぜか気合を入れて発信したり、いいところだけ見せようとしたりしていませんか。もちろん、あくまでビジネス目的の運用なので、ありのままを見せればいいというものでもありませんが、SNSであっても中の人は生身の人間です。

たとえば、本当は自撮りもキラキラしたブランディングも苦手なのに、インスタでは流行っているから、おしゃれなホテルラウンジに行ってキラキラした生活を送っている人を装うみたいなコンテンツだと、後々自分のクビを絞めてしまいます。

SNSで別人を装っても、結局やっている自分が苦しくなって続きません。また、リアルに会いたいと思うような人とSNSでも絡めばよいのです。自分に無理したり、格好よく見せようとしたりしても結局見透かされてしまうと思います。SNSでも媚びない、背伸びしない、自然体で。

✓コンテンツは使いまわしてもいい

SNS発信をする際、常に新しいネタを発信しないといけないと思っていませんか。実は、使いまわしてもOKなんです。人は、誰がどんな発信をしていたか数カ月経つとあまり覚えていません。新規コンテンツも出しますが、反応が良かった投稿は使いまわしてください。そして、異なるSNSで同じコンテンツを投稿しても大丈夫です。

SNSが続かない原因のひとつに、投稿するネタがなくなることが挙げられるので、コンテンツの使いまわしでカバーしましょう。圧倒的に続けやすくなります。

✓ちょっとサボっても、反応がなくても淡々と続ける

ＳＮＳは受験勉強と同じだと思っています。長期戦なので、ちょっとサボってしまってテンションが落ちる日もあると思います。全然結果が出なくてやめたくなる日もあると思います。それでも、また気持ちを切り替えて淡々と続けた人が勝ち残ります。

サボってしまう日もあって当然だと思います。でも、そこでやめないでください。結果が出るまで時間がかかるものと心得て取り組みましょう。

【認知】実は、ＳＮＳ以外にも認知の導線がたくさんある

起業したら、とにかくＳＮＳで集客と思っている人が多いと思いますが、実はＳＮＳ以外にも認知を獲得する場はいくらでもあります。自分の商品・サービスがＳＮＳでしか認知が獲れないものでは決してないはずです。どこで誰が見つけてくれるかわかりません。可能性があるものはすべて集客導線として構えておきましょう。

一点注意なのが、同じ認知のフェーズだったとしても、どこで知ってもらうかによって、微妙に顧客心理が異なることです。たとえば、インスタで知ってもらってＤＭでやりとりするときと、オフラインイベントで初めて出会って話すときは、顧客の心理状況は異なります。その場に合わせて、アプローチやコミュニケーションは変えましょう。

ここからは、おすすめの認知を広げる場所をご紹介します。

【初級編】

✓ビジネスマッチングプラットフォーム

いわゆるスキルシェアサービスやビジネスマッチングは、特に起業初期は役立ちます。自分のプロフィールを整えて、メニューを出品し、あとは問い合わせを待つのみです。プラットフォーム側が自動で集客します。手数料がかかるので、長期で使うものではないですが、起業初期の実績がないときはおすすめです。

✓オンライン・オフラインイベント

オンライン、オフラインイベントは、実際に人と知り合うことができるのでおすすめです。集客や認知活動が目的であれば、参加者同士が交流できる場が多いものを選ぶといいでしょう。オンラインのほうが参加の手軽さはありますが、オフラインイベントのほうが人と密にコミュニケーションがとれます。案件につながるケースもあります。

✓商工会

起業したら、所属する地域の商工会に登録して、オフラインイベントに参加しましょう。

オンラインやＳＮＳの交流ではなかなか出会えないような中小企業の経営者の人がたくさん参加されています。特に、ＳＮＳやＩＴなどのサービスを提供する人は、商工会で喜ばれるスキルなので引く手あまたです。

✓コミュニティ

コミュニティに所属するのも認知活動のひとつになります。

イベントは、単発のものだとその日その場限りで終わりますが、コミュニティだと長期で人と関わることができるので、じっくり自分や自分のビジネスについて知ってもらえます。

できるだけ交流会などの参加者同士が接する機会が多いコミュニティがおすすめです。

【中・上級編】

✓広告

ある程度、収益化できるようになってきたら広告もおすすめです。

特に、ＳＮＳ広告であれば、運用は初心者でもできます。ＳＮＳ運用よりもお金はかかりますが、手間暇は少ないです。唯一デメリットがあるとすれば、認知の数は広がりますが、来る人の質や興味度にばらつきが出ることが挙げられます。

✓イベント登壇・外部講師

積極的にイベント登壇や外部講師をして、認知を広げるというやり方もあります。

イベント登壇は無償になるケースもありますが、自分では集客できない層にアプローチできるので、おすすめです。イベント登壇という形をとらなくても、同じような規模感や事業内容の事業主とコラボイベントを開催するということもおすすめです

✓PR（メディア露出）

最後に、PRもご紹介します。PRはある程度実績が出てからの集客施策になります。

プレスリリースを書いて、メディアに送付して、テレビ、新聞、雑誌などのマスメディアに取材されて露出するという方法です。

メディアにアプローチしたからといって、必ず掲載されるものではありませんが、アプローチだけなら0円でできます。メディア露出すると、一気に認知が獲得でき、事業を拡大させることができます。

【興味】クローズドな場所でファン化を促す

認知の次の段階は、興味になります。知ってもらうことができたら、より興味関心が強い

層をクローズドで密にコミュニケーションが取れる媒体に誘導します。

見込み客の興味のフェーズで密なコミュニケーションをとるツールは、ＬＩＮＥやメールマガジンなどになります。見込み客は、どんな感情や思考でＬＩＮＥやメールマガジンに登録するでしょうか。認知より一段先に進んだので、ここでも見込み客の行動・感情・思考を考えてみましょう。

見込み客は、どんな気持ちでしょうか。どんなことが知りたいでしょうか。どんなことに興味を持って次のステップに進むでしょうか。そこがずれると、的を射ないコミュニケーションになりかねませんので、初めにきちんと設計します。

✓ＬＩＮＥとメールマガジンの特徴

興味の段階で使う代表的なツールが、ＬＩＮＥとメールマガジンになります。

どちらもＳＮＳのように誰でもアクセスできる情報ではなく、登録した人だけがアクセスできるものです。よって、ＳＮＳでは言えないような少し尖ったことも、お得な限定情報も発信できます。ではここからはそれぞれのツールの特徴をお話しします。

ＬＩＮＥは、やはり日常で使っている人も多く、開封率はメールマガジンより高いです。すぐに気づいてもらえるので反応がいいです。

デメリットは、何度も配信することによってブロックされる可能性があること、LINEがBANされる（停止される）可能性があること、そして、長文が読みづらいことが挙げられます。

先行予約など、クローズドな場所でお知らせをする媒体としての使い方がおすすめです。

一方、メールマガジンは、登録者のメールボックスに届くので開封率は下がります。しかし、LINEのようにBANされることもなく、長文を読んでもらうのには適したツールです。

起業初期にどちらもやるというのはハードルが高いので、どちらかだけと言われたらLINEをおすすめしますが、ゆくゆくはBANのリスクや使い分けを考えると、どちらも用意しておくことが望ましいでしょう。

✓発信内容はクローズドな場所だからこそお得感、限定感のあるもの

LINEやメールマガジンでの発信内容は、SNSでは聞けない、学べないコンテンツや、企画やイベントなどの先行案内がおすすめです。SNSと大差のない発信内容だったら、わざわざLINEやメールマガジンに登録する必要がなくなりますので、お得感や限定感のある情報を登録者に配信します。

✓登録を促すには、何かしらのメリットが必要

ＬＩＮＥやメールマガジンの登録を促すためには何かしらの登録メリットが必要になります。登録者限定のコンテンツ（プレゼント）を用意します。たとえば、動画、音声メッセージ、プレゼン資料、ワークシートなどになります。

たとえば、キャリアの事業をやっている人なら、今までの自分のキャリアを棚卸できるワークなどです。見込み客が喜ぶ役立つコンテンツを作成します。そして、ＳＮＳや他の集客導線に登録するとプレゼントがもらえることを告知しましょう。

【検索】購入検討時、お客さまが必ずチェックするもの

興味の次は、検索です。見込み客はＬＩＮＥやメールマガジンなどのクローズドな場所で興味を持ったら、次は購入を検討します。しかし、その商品が高額であればあるほど、しっかり検討します。その時、見込み客はどんなことをすると思いますか。

- 他の競合商品と比較する
- 購入検討している商品の口コミをネットやＳＮＳで調べる
- 主催者（社）の実績を確認する

おそらく興味を持って前向きに検討するけど、払う金額に対してちゃんと元が取れるか考えると思います。そして、お金を払って大丈夫な商品・サービスなのか真剣に確認して考えます。そんなときに、必要になってくるのが以下のものになります。

✓口コミ、お客さまの声

モニター実施でお客さまの声を集めたら、それをSNSなどでも積極的に紹介しましょう。ネットショッピングなどでわりと安いものを買うときも、同じ商品が売られているショップの口コミを見て、多少他よりも高かったとしても、口コミが多く、いい評価のショップを選んだりしませんか。それくらい口コミは重要です。

目に見える変化がわかりづらいものでも、お客さまの声で説得力が増します。また、口コミが少ないと、いい商品でも、お金を払う先として心配になると思います。

行列ができているところに並びたくなる心理と同じで、人気《ひとけ》があるところに人は寄っていきます。特に起業初期こそ、人気は自分で作りましょう。

✓実績

「起業初期に実績なんてないよ」と思われた人も多いと思いますが、実は会社員としての実績も意外と信用性がアップします。

わかりやすい例が、営業マンが営業でＭＶＰを取得したなどです。大手企業出身というのも実績になります。起業してからの実績が少なくても、会社員の頃の会社の看板の力は強いのです。

世の中には、学歴やキャリアに権威性を感じる人も一定数いらっしゃいますので。大手企業でなくても、〇〇業界歴△年や、タスクレベルでパワーポイント資料作成年間１００本なども立派な実績になります。資格取得も実績なので、信用性がアップします。

ご自身の商品・サービスに関連する実績を棚卸ししましょう。ちなみに、資格を取ったからと言って、全然関連性のない資格を実績として挙げるのはＮＧです。また、実績には数字的な根拠を入れるとより信用度が高まります。

✓ＬＰ

こちらは、起業初期から完成度の高いＬＰを用意する必要はありません。しかし、ゆくゆくはＬＰがあったほうがいいでしょう。ＬＰは、購入を迷ってる見込み客が比較検討する材料になるからです。

そして、ＬＰがあることできちんとビジネスをしている人（会社）と見る人も一定数います。提供内容が決まったら、ＬＰを作成しましょう。

初めからすべて完璧に揃ってなくても大丈夫です。特に、LPはある程度内容が固まってから作成しましょう。実際に目の前のお客さまを見ながらPDCAを回してみて、提供メニューが固まったタイミングでデザイナーに発注します。

【行動】お客さまの背中をそっと押すセールスの魔法

検索の次は、行動になります。見込み客の行動とは、購入や契約です。見込み客は、認知、興味、検索という段階を経て、商品・サービスを購入しようか迷っています。ここで、高単価の商品であれば、個別相談を実施してセールスを行います。

ところが、セールスに苦手意識を持っていたり、セールスすることにマインドブロックがあったりする人も多いのが現実です。ここでは、セールスの基本をお話しいたします。

✓セールスするうえでのマインドセット

そもそもですが、何のためにセールスをするのでしょうか。売り上げを上げるためですか。

もちろん、ビジネスをやっているので、売り上げを追求するのも自然なことです。しかし、商品・サービスはお客さまの課題解決するための商品だったはずです。

ということは、商品をセールスすることによって、お客さまを課題解決に導くことができます。中身のスカスカな商品でない限り、自信を持ってセールスができるはずです。

でも、商品を提案（セールス）しないことは、逆にお客さまの欲しい未来を得られるチャンスを潰すことになります。お客さまにとっての機会損失です。そう思うと、セールスしないことが申し訳なく思えてくるはずです。

セールスに自信がなく、マインドブロックがある場合は、自分の商品・サービスに自信が持てていない可能性が高いので、もう一度商品設計から見直しましょう。

そして、セールスするうえでの重要なマインドがもうひとつあります。それは、たった数回断られたくらいで落ち込まないでください。特に、起業初期は実績もまだ少なく、認知度も高くありません。セールスをして、時には無碍に扱われてしまうこともあります。それでも、見込み客一人ひとりに、きちんとセールスして回ってください。

今でこそ有名な起業家も、起業初期はドブ板営業をして這いずり回っています。そして、有名になった今でもトップセールスを続けています。何十件も断られてもセールスを続けるような人だったからこそ成功されたとも言えます。

1件断られても次があると思って頑張りましょう。そして、セールスが上手くなる秘訣は場数と慣れです。きっとセールスの回数を重ねるうちにどんどん成約確度も上がっていきます。心配であれば、事前に誰かにお客さま役をしてもらってセールスのロールプレイングを行うのもおすすめです。

慣れないうちはプレッシャーに感じると思いますが、新しいお客さまとの出会いの場だと思って楽しむ気持ちで挑みましょう。

✓セールスの具体的ステップ

では、ここからは具体的なセールスのステップをお話しします。セールスは、ただ商品紹介をする場ではありません。見込み客の本当の願望をヒアリングし、それに対して、自分の商品・サービスが課題解決につながるかどうかのすり合わせの場です。

なので、くれぐれも自分だけ話さないように注意しましょう。セールスの中の8割くらいは見込み客にお話頂く時間と心得ます。見込み客自身に、この商品・サービスは自分に必要だと気付かせることが重要となります。

①ラポール(信頼関係)の形成

まず初めにやることは、ラポール(信頼関係)の構築です。特に初めて会うとなると、お互い緊張していいます。セールスに焦らず、まずは場を温めます。自己紹介をしたり、趣味の話をしたり、自分から自己開示をします。

②理想の未来の設定

信頼関係が構築できたら、見込み客に理想の未来や将来の目標を聞きます。見込み客が目指している未来が、自分の商品・サービスを購入することで連れて行けるか確認します。そして、見込み客だけでは想像できない理想的な未来も見せます。

たとえば、集客コンサルをセールスする場合、見込み客がイメージできる範囲の未来は、集客が安定することで、売り上げも安定することです。しかし、それだけだとワクワクがまだ少ないです。

そうなることによって、資金力ができるので、人をたくさん雇うことができます。チームや組織になってくると、自分が動かなくても収益が安定し、どんどん自分の時間ができます。さらには、年商億も目指せる範囲となり、上場や売却も将来的にできるようになります。

ここまでイメージさせると、成約しないことが大損することに感じられてきます。ステップを踏んで、理想の未来を見せることがポイントです。

見込み客自身がイメージできる未来の話をしてもワクワクしません。なぜなら想定の範囲内で、自分でできそうと思うからです。そこを飛び越えて、見込み客の想像を超えるような未来をイメージさせ、そこまでのステップも併せてお話ししましょう。

③現状把握（現実を知る）

次に、現状把握です。理想の未来だけ描いても、現状を把握していないとロードマップは描けません。今の状況、悩み、不満などしっかりヒアリングします。そして、その現状が続いたらどんな最悪な未来になるかもイメージしてもらいます。

先ほどの集客コンサルを例にすると、現状で何が問題なのか、何が解決したら集客が上手くいくかなどの現状把握の質問をします。そして、それをそのままにし続けたらどんな最悪な未来がやってくるかもイメージしてもらいます。

集客がずっとできない未来が続くと、売り上げが上がっていきません。そうすると、人も雇えず、益々自転車操業になります。自転車操業だと、ご自身も動き続けなければいけません。集客できないことで、広告やプロモーションのお金も使えません。

集客できない期間が続くことによって、起こりうる最悪な状況を見込み客に気づかせる必要があります。そうすることによって、見込み客の行動を促せます。

④現実の原因を深掘り

現状の把握ができたら、その原因を深掘りします。そのときに重要なことは原因を見込み客自身の問題にしないことです。どういうことかと言うと、たとえば、成果が出なかったのは見込み客がサボって来たからと言ったら、もちろん本人のテンションも下がるし、自信がなくなってしまいます。そうすると、今回セールスを受けて購入しても自分は変われないかもしれないと思ってしまうからです。

先ほどの集客コンサルの場合の原因は、今まできちんと集客について学んだことがなかったからに尽きます。原因はあくまで世の中、国、他社（者）です。その原因を深掘りしてお話ししていると、「見込み客が知らない事実やノウハウを知っている人」というポジションをとることができるので、どんどん興味が出てきます。

⑤解決策やプロセスを紹介

理想の未来と現状のギャップ、そうして原因の深掘りができると、次はその解決策やステップをご紹介します。その時点で、見込み客は、現状を打破すべきであるという認識になっています。では、具体的にどうするのかをここでステップごとに説明してあげます。説明すると、見込み客自身が自分でもできそうと感じているはずです。

⑥商品説明

そして、最後にやっと商品説明になります。今までのステップを経て、見込み客は商品自体に強い興味を持っています。見込み客から商品を教えてくださいと言ってくるはずです。その流れになったら、もうあとは商品を説明するだけで売れます。

逆に、見込み客から教えてくださいと言われなかったら、それまでのステップのどこかでミスをしているはずなので、再度深掘りを行います。

⑦反論処理

商品説明までして、見込み客がなかなかやりますと言わないケースもあります。高額商品であればあるほどしり込みするからです。私自身も今までセールスをしてきて、見込み客がなかなか決断できないときにこれらを言われます。

- お金がない
- 時間がない
- 今じゃない
- 家族に相談したい、反対される
- 自分でやってみます

●お金がない
↓分割払いもできます
↓お金は学ぶことによって必ず後からすぐ返ってきます
↓必ず元を取れるか不安であれば、一緒にお金のシミュレーションをしましょう

●時間がない
↓今のお客さまはママも多く、みんな○○を工夫して時間を捻出しています
↓時間確保についても一緒にコンサルできます
↓たぶん、この先も時間はないと思うので、時間は作りましょう

●今じゃない
↓将来も、この料金・内容でご提供できるとはお約束できません（今しかない）
↓今からスタートしたら、○カ月後には～～になっています
↓今スタートしないと、ライバルはどんどん先に成果を出します

●家族に相談したい、反対される
↓ご家族に何と言ったら納得して頂けると思いますか？

↓パートナーを説得できるように一緒に作戦を考えましょう
↓パートナーも、○○さんが成果を出されたら喜ぶと思います

● 自分でやってみます
↓私自身、自分でできると思ってやったことがありますが、時間がかかりました
↓自分だけでやろうとすると、すぐに相談できる相手がいなくて困ります
↓自分一人では乗り越えられない壁がたくさんあります

これらの反論は結構な頻度で来るので、事前にどう切り返すか整理しておきます。

✓成約後のフロー

セールスに成功して成約したら、次のことが必要になってきます。

● 決済
銀行振り込みか、クレジット決済かなど、事前に決めておきます。銀行振り込み、クレジットカード決済どちらの対応できることが望ましいです。クレジット決済は決済代行サービスがあるので、事前に登録しておきます。

●契約書

契約書に関しては、すべての商品・サービスで用意する必要はないと思いますが、高額商品に関しては、契約書を事前に準備しておいたほうがよいと思います。万が一、顧客とのトラブルが起きた際も、法律の力で守ってくれます。

契約書は専門の弁護士に相談します。スポットでのご相談だけなら数万円で依頼できます。契約書作成までお願いしてしまうと高額になるので、自分で調べられる範囲で契約書を作成し、弁護士に添削してもらいましょう。国や自治体の創業支援の施設でも無料で弁護士相談できる機会もありますので、上手く活用することをおすすめします。

●成約後アンケート

成約後のアンケートも実施します。成約の決め手やどんなところに惹かれたか、どんなことをこの商品・サービスに期待しているかをアンケート項目に入れます。お客さまの期待とずれがないか確認もできます。そして、成約後の声は、今後のマーケティング施策で活用できるので、必ずアンケートを実施します。

【共有】今いるお客さまに成果を出してもらうことが次の集客になる

ここまでで、お客さまに成約してもらうまでの長い道のりを説明しました。最後は共有になります。お客さまは、どんなときに共有したいと思うでしょうか。それは、自分自身の成果が出たときと変化を感じたときではないでしょうか。

お客さまに共有(シェア)されると、いいことが3つあります。1つ目は、お客さまがSNSで発信することで、認知が広がります。2つ目は、成果が出たという実績が広がり興味を持つ人が増えます。3つ目は、実績がシェアされることで信頼性もアップし、成約率も上がってきます。

つまり、お客さまに実績が出て、シェアしてもらうことはメリットしかありません。今後の集客にもセールスにも役立ってきます。

たとえば、ダイエット商品の場合は、お客さまがどれくらい痩せたか。メイクコンサルの場合は、お客さまがどれくらい垢抜けたか。集客コンサルの場合は、どれだけ集客できるようになったか。数値も併せて紹介されるとより説得力が増します。

ということは、成約頂いたお客さまが成果を出して、ビフォーアフターの変化が大きくなるように全力でサポートすることが大事です。

お客さまが増えてくるとどうしても目の前のお客さま対応と次の集客などやることも増えて大変になると思います。

そうなったときでも、一番優先すべきなのは今目の前にいるお客さまです。もし忙しくなって目の前のお客さまへの対応が雑になってしまったら、今後の集客もセールスも苦戦します。

お客さまの成果が出ても実績シェアの効果を感じるのは少し先かもしれません。でも、回り回って必ず自分に返ってきますので、お客さまに成果を出してもらうことを第一優先しましょう。

＊＊＊

【実際に起業した女性の声】

専業主婦から法人3社経営の実業家へ

株式会社andR　代表取締役　石川晴美さん

大手生命保険会社の営業職として働き、所長職になるまでキャリアアップしましたが、二人目の妊娠を機に退職し、専業主婦になりました。2歳差の男の子のワンオペ育児に疲弊した毎日を送っていました。

その頃唯一息抜きができる場所はママ友と子連れで行ける、自宅でママさんがやっているお料理教室やお花の教室でした。元々バリバリ働いてきていたので、専業主婦であることになんとなく寂しい思いも抱え、自分でも何かやりたいと思い、長男の入園を機に自宅でリボン教室を開講しました。

そこから、オリジナルリボンデザインの開発、全国に規模拡大、認定講師制度の導入、コロナ禍ですぐにオンラインレッスンの導入など、いつもトライアンドエラーを繰り返しながらも事業拡大。

今では、全国に約１５００名の認定講師、百貨店催事は全国7都市22回開催、海外にも認定講師を輩出、多数大手メディアでも取り上げられました。

専業主婦から一人で自宅教室を始めた頃に、今のように法人３社を経営するまでになるとは想像できませんでした。

今後も、育児や介護などで自分を犠牲にしがちな女性に自宅から始められる起業という選択肢を伝え、支援していきたいです。そして、これからチャレンジしたい女性起業家の支援も行っていきたいです。

― タスクチェックリスト ―

【認知】

□ 見込み客の行動・感情・思考を整理する

□ 運用するＳＮＳを決める

□ 投稿頻度（１日に○本、週に○本、月に○本）を決める

□ 作業する時間（朝起きたら必ず１本更新するなど）を決める

□ 投稿内容を考える時間の制限を決める

□ ＳＮＳ以外の集客導線を決める

【興味】

□ ＬＩＮＥを開設する

□ ＬＩＮＥの自動返信文を設定する

□ ＬＩＮＥ登録を促すプレゼントを作る

【検索】

□ お客さまやモニターの口コミを集める

□ お客さまやモニターの口コミをＳＮＳで紹介する

□ 自分の実績を棚卸する

□ 自分の実績をＳＮＳやＬＰで紹介する

【行動】

□ セールストークスクリプト（台本）を作成

□ 事前に反論処理を整理する

□ 決済フォームを準備

□ 契約書を作成する

□ 成約後アンケートを作成

【共有】

□ お客さまの実績や口コミを紹介させてもらう

S 検索	A 行動	S 共有
フロントに参加	購入・契約	実績のシェア

Marketing Funnel ― 集客導線設計 ―

	A 認知	I 興味
目 標	知ってもらう	興味を 持ってもらう
ターゲットの 思考・感情		
ターゲットの 行動		
施 策		

第7章

月1００万円売り上げるロードマップ

高度なスキルも経営センスがなくても誰でも月100万円

ここからは、0から起業して1円でも売れた後、どうやって月100万円達成できるか、ステップに従ってお話しします。

まず、あなたは自分の力で月100万円を売り上げると聞くと、どう感じますか。ハードルが高いですか。

確実にステップを踏めば、起業して月100万円売り上げることは難しくないと思っています。その理由は、月100万円までは、行動量と情熱で行ける範囲だからです。

高度なスキルも経営センスがなくても、売れる市場で、目の前のお客さまに対して誠実に対応して、確実に実績を作っていけば、決して夢や遠い目標ではありません。

たとえば、個人向けセッションを行うコーチ、カウンセラー業であれば、月5万円のセッションサービスを20人に売れたら月100万円達成です。

SNS運用代行、動画編集、Webデザイン、Web広告運用などの代行業であれば、単価10万円×10件で月100万円、もしくは単価20万円×5件で月100万円達成です。

セミナー・研修講師であれば、単価10万円×10件で月100万円達成になります。

数字に落とし込んでみると、案外月100万円も遠くない気がしてくると思います。

しかし、がむしゃらに行動さえすればいいというものでもなく、月１００万円に至るまでに踏むべきステップがいくつかあります。それを次からご紹介させて頂きます。

起業したら月１００万円も当たり前になってきます。時間給という概念ではなくなるので、自分の頑張り次第でいくらでも上を目指せます。それくらい夢があります。

特に、ワーママをしていると、産休に入る前より給料下がった人も多いはずです。育休中のブランクがあると言っても、能力が極端に下がるわけでもないのに、時短などで給料が一気に減るのはおかしいと個人的には思うところがあります。

復職した場合も、しばらく育児で仕事を離れた女性が仕事復帰する際も、そもそもどこも雇ってくれなかったり、買い叩かれたりするという社会には疑

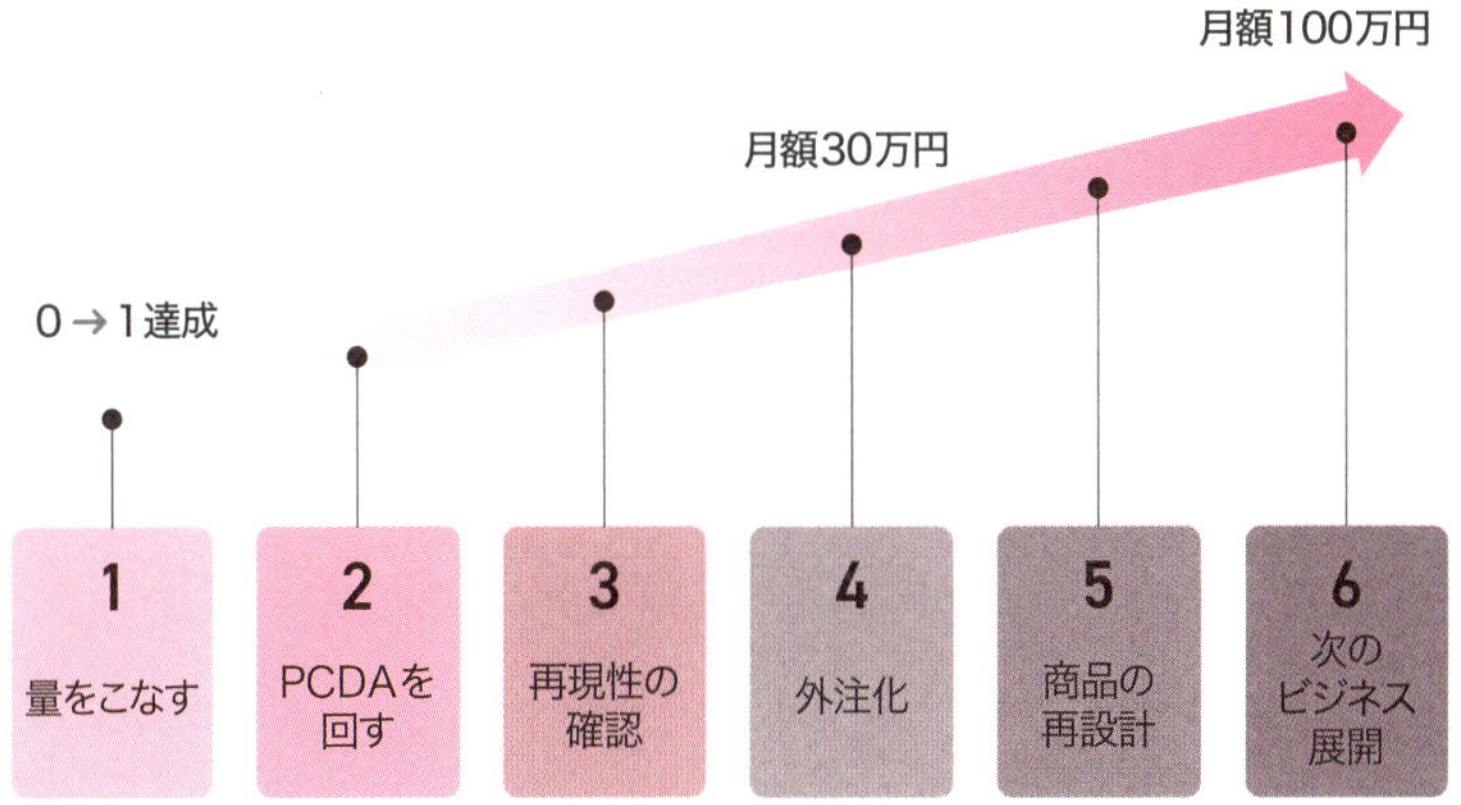

問があります。

どこかの企業で雇われて働くには、それだけおかしいと思うことでも従わないといけません。給料も天井が見えてしまっています。

しかし、起業すれば青天井です。いくらでも売り上げる自由があります。いつママになってもブランク扱いされません。

私は、そういった女性のキャリアの理不尽な現状にも疑問を持っています。完全な反骨精神ですが、多くのママが自分の力で売り上げていって、ママでも自分の強みを発揮し、社会に貢献して、そして自分らしいビジネスとキャリアを築けることを証明したいのです。

0《ゼロ》→1達成したあとはひたすら量をこなす

では、ここからは0→1達成後のステップをご紹介します。

結論から言うと、たくさん量をこなしてください。月30万円を安定的に売り上げるようになるまでは、外注化なども考えなくて大丈夫です。ただ、ひたすら目の前のお客さまと真剣に向き合ってください。なぜ、まずは量をこなすべきなのでしょうか。

量をこなすことによって、いいことが3つあります。

まず1点目が、量をこなすことで質が上がるからです。最初はお客さまへの向き合いや成果物が多少粗削りでも仕方ないでしょう。やはり何事も初心者という道を通らないと成長しません。

私自身も、もっとこうすればよかったという数々の小さなトライ&エラーがありました。だからこそ、どんどん改善し、いいサービスに改善できました。

量か質かという問いがありますが、初心者こそ、何がよい質なのかもそもそもわからないはずです。深く考えすぎず量をこなしましょう。

2点目は、量をこなすことでお客さまの実績が貯まるからです。むしろ、起業初期こそ多少安くなってもいいから、実績を積んで、お客さまの声を集めることを優先しましょう。実績こそ最強の集客ツールです。

真摯にお客さまに向き合って、リアルな声を聞いて改善して、お客さまの口コミをSNSでシェアする。そのサイクルをひたすら回しましょう。

3点目は、量をこなすことで再現性がとれるからです。お客さまがまだ数人しかいないときは、お客さまの傾向やニーズもバラバラに感じられると思いますが、ある程度の人数に対応してくると傾向などの解像度が上がります。

たとえば、コーチやカウンセラー業の場合、こんなタイプのお客さまには、こんなことを言ってあげると喜ぶ、こんな言葉をかけるとモチベーションが上がる、こんな対応をすると満足度が上がる等、ある程度傾向が見えてくると思います。

クライアントワークを行う場合も、この業種、この規模感のクライアントにはこんな悩みがある、こんなトラブルが起こりやすい等、違いが出てくると思います。


これは、お客さまへの対応だけではなく、マーケティングにも活用でき、お客さまの傾向がわかると、その人たちに刺さる言葉や訴求文脈も自ずとわかるようになり、徐々にプロモーションも上手くなります。

一度、0→1達成できると、単価を上げてお客さまの数を減らしたり、誰かに手伝ってもらったりしたくなる気持ちもわかりますが、月30万円が安定するまでは、粘り強く量をこなすのが結局近道になります。

すべての設計を見直して高速でPDCAを回す

0→1達成後、量をこなしていくと気になることがたくさん出てきます。それは、起業初期に描いた商品設計、ブランディング設計、集客導線設計のズレです。

起業初期に描くものは、まだあまりお客さまのいないタイミングでの設計なので、わからないところは仮説と想像で埋め合わせしているためです。

たとえば、ダイエットサービスを行っている場合、食事制限をして短期で痩せるサポートをしていたけれど、実際に来るお客さまは短期できつい思いをして痩せるより、長期でコツコツ痩せたいというニーズが強いことに気づくこともあります。

それくらいビジネスの現場では、やってみないとわからないことが多いのです。いかに頭で考えるだけではなく、ますはやってみることが重要かわかるはずです。時間をかけて戦略を描いても、絵に描いた餅である可能性もあるのです。

では、ここからは設計ごとに見直すべきポイントをお話しいたします。

✓商品設計の見直しポイント

商品自体も途中で変えてOKです。むしろやってみて気づいたことがあれば、どんどん改良していくほうがお客さまのためにもなります。

- 狙ったターゲットがお客さまになっているか?

- お客さまのニーズは強いか？
- お客さまが期待していることとズレていないか？
- 競合と比較して差別化ポイントは魅力的になっていたか？
- フロント商品とバックエンド商品は関連性のあるものになっているか？

✓ブランディング設計の見直しポイント

ブランディングは、お客さまが増えるほど、リアルな声を聞く機会が増えブランディングの精度が上がります。どこを強調したらより魅力が伝わるかの解像度が上がります。そして、訴求メッセージで、来る層も変わります。イメージ通りのお客さまが来ない場合、訴求メッセージやブランディングが間違っている可能性もあります。

- 実際のお客さまを見てみて、訴求メッセージは適切か？
- 実際のお客さまを見てみて、世界観は適切か？
- 実際に来るお客さまのレベル感や知識量はどうか？
- 本来の自分と、ブランディングした起業家としての自分は乖離がないか？
- 実際に来るお客さまに第一印象を聞いて、ズレはないか？

✓集客導線設計の見直しポイント

集客導線設計も、ある程度お客さまが増えたら見直します。知ってもらえた場所や、どこのルートでやってきたかなど、必ずお客さまに聞きましょう。

- どのSNSが一番反応が良かったか？
- SNSのどんな投稿の反応が良かったか？
- LINEの登録者は増えたか？
- セールスの成約率はどうか？
- お客さまが実績を出して、成果を報告してくれる関係値か？

再現性の確認をして、効率化を図る

次に、再現性の確認をします。**再現性とは、同じ条件下で同じ手法を実施した場合に、同一の結果を得られる可能性の度合い**のことを指します。

再現性が必要な理由は、提供サービスの品質を一定水準に保つことができ、外注化や効率化につながるからです。

たとえば、お客さまごとに毎回資料を作成していたとします。しかし、お客さまごとに変えなくてもいい資料も出てきます。再現性が見つかると、どのお客さまでもある部分は同じ資料で対応でき、ある部分はお客さまに合わせて作成することができます。そうなると、0から作っていた資料も何割かは時短できるようになるのです。

資料作成以外にも、コンサルやカウンセリングでも同じです。経験を積むと、自ずと同じ流れを汲むところが出てくるので、そこを言語化しておきましょう。

再現性が取れてきたら、ぜひそれを文章にしてテンプレ化・マニュアル化してください。そのあとのステップで外注化や仕組化するとき必要になります。誰が対応しても一定の水準を保つためには、やはりテンプレやマニュアルは必要になってきます。

正直、月100万円売り上げるなら一人の努力だけで行ける範囲だと思います。しかし、それ以上は一人の人が使える時間にも限界が来てしまうので、今後、数千、数億規模にビジネスを拡大していくためには避けて通れません。どこが共通する部分か、どこが個別対応になるかを考えて再現性を確認しましょう。

月30万円超えたら外注化を検討

安定的に月30万円売り上げ続けるようになったら、会社員として働きながら副業として取り組んでいた人も独立を視野に入れていいと思います。

おそらく月30万円を超える頃は、日々の集客やお客さま対応で忙しくなっているはずです。ある程度、外注費を使っても利益は残るレベルなので、このタイミングで自分ではなくてもいい作業は外注してしまって、自分にしかできないタスクや仕事により集中していったほうが効率的です。売り上げもさらに上がる可能性が高くなります。

自分でなくてもよい作業とは、自分がやっても他人がやっても質に差がない作業や自分の強みやスキルを活かさないでもできる作業です。たとえば、ＳＮＳ運用で原稿は自分で書くけど、デザイン部分は外注するなどです。

ＳＮＳ運用は、あなたがすべきタスクの一部なはずです。そこに時間を割きすぎるよりは、目の前のお客さまへの対応に時間を使ったり、自分にしか書けない発信の原稿を書いたりする時間に充てるべきです。あとは、オンライン秘書などに事務的な作業など誰がやってもあまり差のない作業を外注します。

逆に、月30万円～月100万円までのビジネスの規模感で、ご自身でやり続けるべきことは、お客さま対応と、発信の原稿作成、お金の管理などです。

お客さま対応はまだ数をこなしてください。人に任せることを考え始めるのは、月100万円を超えてからでいいです。

発信の原稿も、日々お客さまと向き合うことでネタが生まれやすくなっているはずなので、手放さないでください。

作業の一部を外注化するだけでも時間が生まれ、あなた自身はより新しいチャレンジをしたり、新しいことをインプットしたりできる時間が生まれます。常に、自分の空き時間を作って新しいことを取り入れるのがビジネス拡大、自己成長の鍵なのです。もったいないと思わずにどんどん外注して時間を増やしましょう。

ここから、外注する際のポイントをお話しします。

✓外注する人の探し方

最近は、ココナラなどのスキルシェアサービスなどで見つけることができます。あとは、SNSで関連ワードで検索してみてください。その他は、紹介もあります。

✓外注する人の見極め方

私の経験上こちらの条件を意識して発注するといいでしょう。

- 返事が早いか
- コミュニケーションがスムーズにできるか（文章が変ではないか）
- こちらの言いなりではなく、きちんと意見を言ってくれるか
- 外注費に対して納品物の質が見合っているか
- 成果物の納品スピードは遅くないか
- 今までのお客さまからの評価は高いか

✓外注費の割合

外注費は、売り上げの3割くらいに抑えたいです。月30万円なら、少なくとも月10万円まで。外注費と利益のバランスを鑑みて外注費を決めましょう。

安定的に月100万円稼ぐための商品再設計

月30万円を安定的に売り上げるようになってきたら、次は月100万円を目指しましょう。ただ、月100万円に行くには、今までの商品設計を変えないと売り上げは積み上がりません。

具体的には、**単価を変える、契約期間を長くする、提供形式を変える、単品・単発商品をパッケージ商品に変える、ターゲットのレベル感を変える**、になります。

最初からその設計をおすすめしない理由は、高い単価も、長期契約も、高度な提供形式(たとえば、マンツーマンではなくグループ化など)も、パッケージ商品も、レベルの高いターゲットも、起業初期ではハードルが高いからです。自分の成長に合わせて徐々に形態を変えていくのがやりやすいと思います。

ではここからは、具体的に月100万円売り上げる設計のやり方をお話しします。

✓単価アップ

まず、初めに考えるべきは単価のアップです。モニター料金から正規料金に引き上げたと思いますが、実績が貯まってきたら、そこからさらに単価アップしてOKです。単価が業界の平均から高くなっても実績重視で選んでくれるお客さまも多いはずです。まだ単価を上げるのが怖いと感じたらなら、もう少し今の料金で実績を増やしましょう。

たとえば、LP制作を初め5万円で請け負っていたとします。しかし、LPで5万円は安いので、ビギナー価格です。実績作りとして5件請け負った後は、10万円に値上げしましょう。そこからどんどん実績数が増えると共に、20万円、30万円、最終的には50万円くらい行ける世界です。

単価を上げるタイミングに特に決まりはありません。私が過去単価を上げたのは、お客さまが増えてしまって対応する時間がなくなったとき、この金額で提供するのは安い(割に合わない)と感じたとき、お客さまの成果や変化がたくさん出たときです。

単価を上げる前は不安だと思いますが、あなたがちゃんと商品・サービスを提供していたら必ずお客さまは来ます。

もし単価を上げた途端お客さまが来ない場合は、あなたの商品・サービスを選ぶ理由が「安いから」になっていた可能性が高いです。そうなったら、値段以外にも選ばれる理由を作りましょう。商品設計の見直しです。

✓契約期間の長期化

単価アップの他に、契約期間を長期にする方法もあります。同じ単価だとしても、契約期間が3カ月と1年では、売り上げ金額が変わりますよね。契約期間を長期にすると既存のお客さまの割合がどんどん増えていくので、新規集客も楽になっていきます。

たとえば、コーチングの場合、単発だと安いです。1カ月で、月5万円くらいです。仮に、3カ月契約だった場合、月5万円×3カ月で合計15万円です。しかし、同じ単価でも、1年の場合、月5万円×12カ月で、60万円になります。

お客さまが常時10名で、月5万円×10名で50万円。年間で600万円です。

また、契約期間が長期のほうが単価自体もアップしやすいです。理由は、金額だけ見たら一瞬高いと思ったとしても、サポート期間が長いから安心となるからです。ただし、長期契約が難しいジャンルの場合は、単価アップで売り上げ額を伸ばします。

商品・サービスの提供形式を変える

商品・サービスの提供形式を変えるのも売り上げアップの秘訣です。たとえば、コンサルやカウンセリングで今までマンツーマンの対応をしていた場合、個人のお客さまの対応できる数も決まり、それに伴い売り上げ金額の頭打ちになります。

しかし、今まで提供していたサービスの内容のまま、グループコンサルやグループ相談会の形式にもできます。すると、サービスの手厚さが減るので若干単価を下げる可能性もありますが、対応できる人数が増える分、トータルの売り上げは増えるはずです。グループ形式で横のつながりを作り、場の力で相乗効果を生み出すこともできます。

ある程度、マンツーマンで実績を積めば、グループという形式で提供することも怖くないはずです。時間や売り上げの頭打ちを感じたら、グループ化を検討しましょう。

商品・サービスのパッケージ化

今まで単発、1メニューだけの商品・サービスだったと思います。それだとそのまま単価を上げることもできますが、単品の商品をいくつかのメニューとセットにすることでより金額を上げやすく、そして売りやすくなります。ただ、シンプルに値上げすると、それなりの理由(実績が増えたからなど)が必要になります。

しかし、内容をパッケージ化すれば金額アップの納得感とお得感が演出できます。

（例）

単発メニュー：キャリアコーチング　1回　合計1万円

パッケージ化：①キャリアコーチング　全3回
②キャリア分析シート
③転職サポート　合計10万円

✓レベルの高いターゲットに変える

最後は、ターゲットそのものを変えるという手法になります。ターゲットのレベル感や知識量、年齢などによって、ある程度出せる金額の上限が決まってきます。

たとえば、集客コンサルのサービスをする場合、まだ事業を立ち上げたばかりの事業主をターゲットにすると、資金力に限りがあります。しかし、ターゲットを規模が大きい事業主にすると、出せる金額の上限が変わってきます。

もちろん、自分自身のレベルもそれ相応になっていないダメですが、自分のレベルアップに伴ってターゲットを変えると、どんどん単価を上げていくことができます。

月100万円超えたら次のビジネスの展開を考える

月100万円売り上げたあとは、さらなる飛躍のためにビジネスを進化させます。
ここからは、月100万円を超えても、もっとビジネスを拡大したい、飛躍させたい方向けにご説明させて頂きます。
上を目指すも目指さないも個人の自由です。しかし、ビジネスは本当に楽しいので、私としてはせっかく起業したのだから、どんどん上を目指してビジネスを楽しむ人が増えてほしいと思います。

ビジネスが大きくなればなるほど、より多くの人、会社、社会などに影響を与えられる範囲も広がり、あなたがビジネスを通じて叶えたかったことがより近づきます。多くの人にあなたの想いやビジョン、サービスを届けるのにはやはり資金が必要です。

では、具体的な月100万円からもっとビジネスを拡大する方法をお話しします。

✓フロー型ビジネスとストック型ビジネス

SNSでも、フロー型とストック型の話が出ましたが、実は、ビジネスそのものにもフロー型とストック型があります。

フロー型ビジネスというのは、売り切り型ビジネスとも呼ばれます。一回きりの販売でお客さまに商品・サービスを提供します。お客さまの必要なタイミングで契約するので、そのときは売り上げが上がります。しかし、常に新規集客が必要で、売り上げが安定しないなどデメリットもあります。

一方、ストック型ビジネスは、仕組みやインフラを作り、定額サービスまたは従量課金のサービスです。ストック型のメリットは、継続的に売り上げが上がることです。つまり、売り上げが安定するので、毎回新規集客をしなくてもよくなります。逆にデメリットは、仕組みやインフラを整えるのに、初期投資や軌道に乗るまでの時間が必要です。

今までフロー型ビジネスだけやっていた人は、ぜひ月１００万円の売り上げを達成したタイミングで、ストック型ビジネスも検討してください。実は新しく何かを立ち上げる必要もなく、今までのビジネスを派生するだけでできます。

たとえば、キャリアコーチングのサービスを行っていたとします。マンツーマンサービスからグループサービスにして月１００万円を達成したとします。そこから今までのビジネスに蓄積したものをストック型にも移行します。

具体的には、今までのグループコンサルの様子を動画コンテンツサービスとしてサブスクにするなどです。単価はフロー型より低くなると思いますが、安定収入になります。売れれば売れるほど忙しくなるフロー型ビジネスではないので、たくさん売れて、疲弊し業務が回らなくなることはありません。

フロー型ビジネスの他に、ストック型ビジネスを持っておくと、ビジネス全体としての安定感が生まれます。

法人向けサービスを検討

月100万円達成した商品・サービスが個人向けだった場合、法人向けサービスも検討してみましょう。理由は、単価アップしていったとしても、個人のお客さまとなると、やはり出せる金額の限界が来てしまいます。

一方、法人だと、単価を月数十万、数百万にしても、先方の決済を通過すれば、あっさり契約が決まります。個人のお財布事情と法人のお財布事情の違いです。

法人向けサービスに変える方法は、法人が手に取りやすい形に変えることです。

たとえば、キャリアコーチングを提供していた人がグループ化も経て、法人向けにサービスを検討したとします。法人がキャリアコーチングを手に取りやすくするためにはどうし

ていくかというと、商品設計と同じで、

- 企業のどこの部署が欲しい商品・サービスか？
- その企業の経営者や部署の担当者はどんなことに悩んでいるか？
- 今まで培ってきたスキルや実績をどんな形で生かせるか？

など、逆算して考えてみます。

キャリアコーチングの場合だと、企業の人事部に研修案件の提案ができます。キャリアコーチングで培ってきた会社員として働く人の悩みを言語化し、企業としてどんな研修を組み込めば、社員のモチベーションが上がり、離職率が下がるかを考えてみます。あるいは、研修というパッケージではなく、人材定着のコンサルなどもできます。

法人案件は、提案して決めるまでのハードルが高いですが、一度契約できると大体が長期契約で高額で決まるので、収益面で安定します。

また、個人向け商品・サービスも並行してやる場合、法人と取引した実績が、信頼性や権威性につながり、個人向けの商品・サービスの成約率も上がります。法人案件を行うことで、売り上げアップ、収益安定、成約率もアップで好循環が回せます。

✓組織化・仕組化

そして、避けて通れないのが組織化・仕組化になります。ここまででも自分がしなくてもいい作業は外注化してきたと思いますが、月100万円を超えたら本格的に組織化も検討してください。ここで外注費や人件費をケチるとそこで伸びは止まります。

どうしても自分が売り上げたお金なので、それを外注費・人件費に回すと利益が減るのでもったいないと感じる気持ちもわかります。しかし、ビジネスは一人で回すのにも限界があり、その境界線になるのが月100万円前後かと思います。

初めは業務委託でもいいのでコア人材を採用します。結局、外注パートナーばかり増やしても、自分の作業が煩雑になり大変です。コア人材を立てると自分のアイデア、考え、判断軸がトレース（再現）されるので連絡も減り、自分の時間が増えます。

人を育てるのは大変です。そして、自分でやったほうが早いし質がいいこともあります。しかしだからと言って、全部自分で抱え込むと月100万円止まりです。

時間は限られているので、自分の時間が増えない限り難しいです。自分でやりたくなってもぐっと堪えて人を育てて、自分はどんどん経営者の仕事にシフトしていきましょう。

―プレママ、ワーママのキャリアスタイル マッピング―

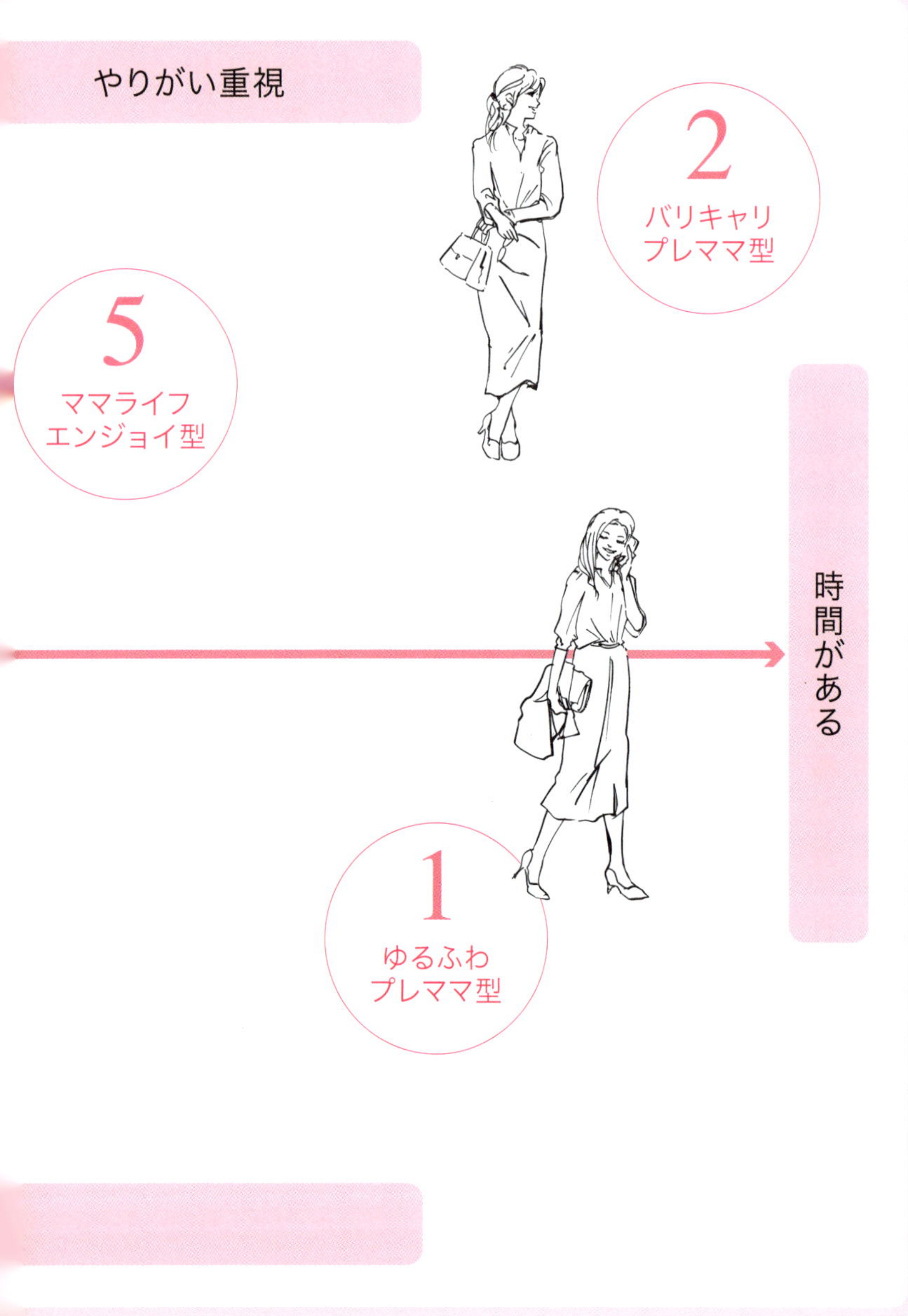

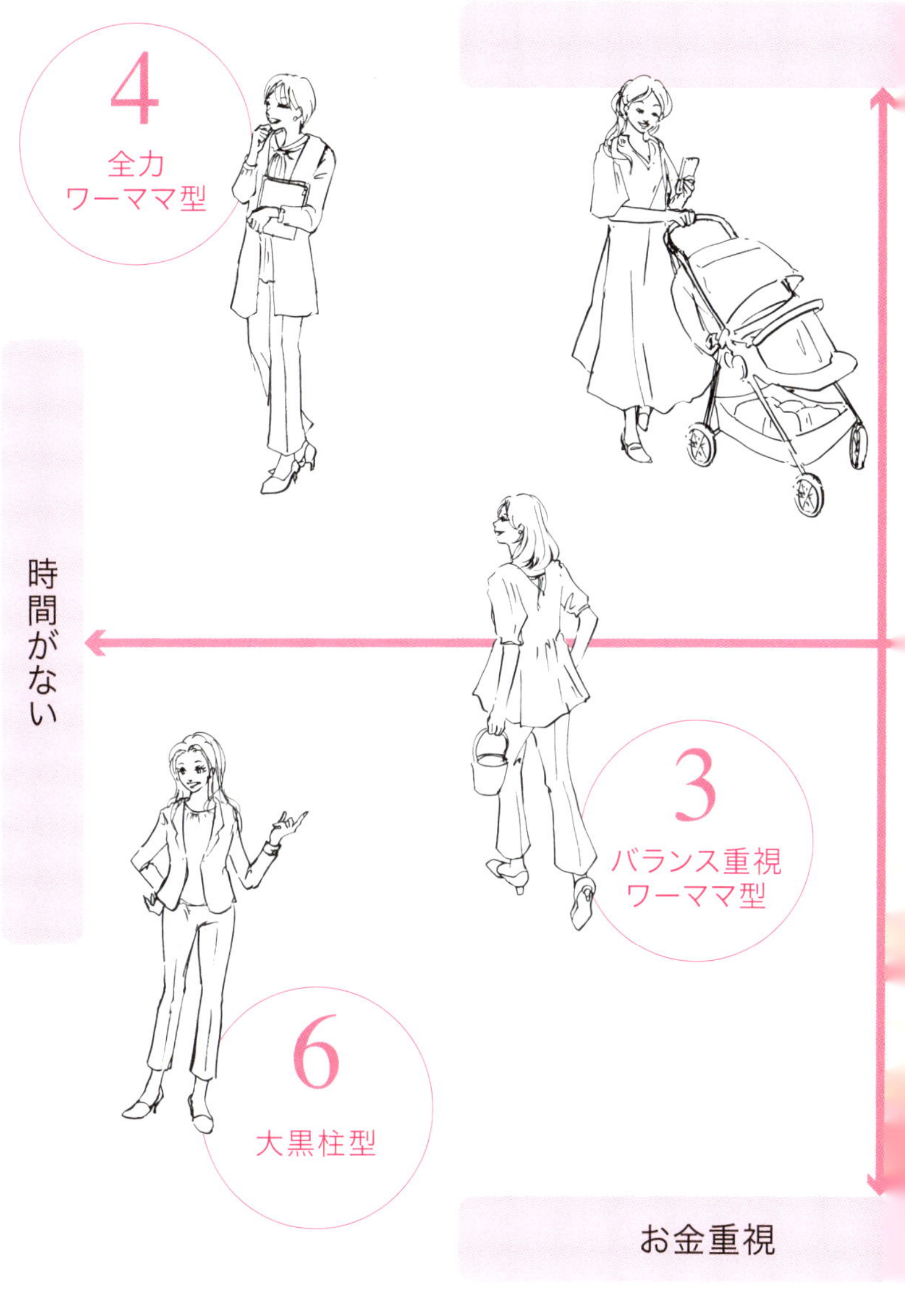
4
全力
ワーママ型
時間がない
3
バランス重視
ワーママ型
6
大黒柱型
お金重視

プレママ、ワーママのキャリアスタイル別起業攻略ロードマップ

ここからは、プレママ、ワーママのキャリアスタイル別に、起業ロードマップをお話しします。使える時間や状況が異なるので、こちらを参考に自分がどのタイプに当てはまるか見て、ロードマップを描いてみてください。

①コツコツ副業からスタート「ゆるふわプレママ型」

ママになる前のプレママ期に、仕事とプライベートのバランス良く働けている方がこのタイプに当てはまります。ご紹介する6タイプの中で最も自由な時間が多いのが特徴です。仕事の後や休みの日を使ったりしてビジネスの時間を確保します。

時間的猶予があるので、今あるスキルだけで商品設計せず、新しくスキルを身に着けてから商品設計することもできます。

なので、今、商品・サービスにできるスキル（武器）が見つからなくても、落胆せずに可能性を信じてやれば何でもできるはずです。しかも、今は時間が味方をしてくれます。妊娠・出産前までにビジネスを軌道に乗せることを目標に取り組みましょ

う。

②本業とのシナジーに期待「バリキャリプレママ型」

プレママ期に、バリバリ働いているタイプが該当します。きっと第一線で働いている人も多いので、残業や出張もあると思います。本業にもやりがいや充実感を持って取り組まれていると思います。

このタイプにおすすめなのは、本業とシナジーを生むビジネスに取り組むことです。おすすめする理由は、ビジネスで取り組むことが本業にも生き、本業のほうでもスキルアップや会社での評価につながるからです。

本業とシナジーを生むビジネスは、たとえば、本業は人材会社で企業の人事部に法人営業をしている方が、副業でキャリア相談を行う場合です。本業で得た「どの企業にも共通する採用したい人材像」をキャリア相談に来た人に教えることもできます。

逆に、副業で多くの人のキャリア相談に乗っていると、どんな企業が転職希望者に選ばれていくかの傾向がわかります。その再現性を本業の営業の時に生かすことができ、コンサル力が上がりま

す。

本業もバリバリ働いて、ママになる前にキャリアアップをしておきたい気持ちも強いはずです。起業するなら、本業でも役立つビジネスで一石二鳥を目指しましょう。

③マイペースにチャレンジ「バランス重視ワーママ型」

ママになってから、時短勤務などでマイペースに働いているママがこちらのタイプに該当します。中には、本当はバリバリ働きたいのに、マミートラックにはまってしまい不本意な人もいるかと思います。

このタイプのママでビジネスをしたいという理由は主に2つかと思います。①時短勤務などで給料が減ったので稼ぎたい、②マミートラックでやりがいのない仕事をしているので、副業でやりがいを持って働きたい。これらの理由を満たしたビジネスを選ぶ必要があります。

まずは、ご自身がお金の問題で副業をしたいのか、やりがいの問題で副業したいのか明確にしましょう。お金が理由であれば、今あるスキルで稼げるビジネスをします。やりがいが理由であれば、稼

げるかどうかはいったん置いておいて、ご自身がやっていてワクワク楽しいものをビジネスに選びましょう。

そして、これから紹介する他のママのタイプにも共通するのが、時間の確保の問題です。子どもを持ちながら自分のビジネスをするのは想像以上にハードです。幸い、会社の配慮で仕事の負荷は少ないはずなので、子どもを寝かしつけた後や早朝の時間を数時間作ってビジネスに取り組みましょう。

④自己実現を叶える「全力ワーママ型」

こちらのタイプのママは、本業にも全力、子育てもちゃんとする、ビジネスもやりたいという全方位に全力投球するパワフルなママです。本業でもキャリアアップを諦めたくなく、日々責任感を持って仕事に取り組んでいるはず。

このタイプがまず初めにやることは、なぜ自分でビジネス（副業）をしたいか、理由を明確にすることです。

すでに本業もバリバリこなし、子育てもしながら自分の時間もなく忙しいのではないでしょうか。

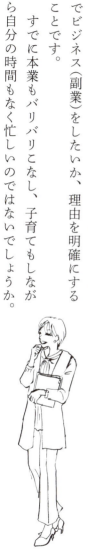

それでもビジネスをしたいということは、本気で将来の独立を見据えているか、やりたいことがあるかだと思います。

なので、このタイプは、ビジネスの内容を慎重に選ばないといけません。とりあえず稼げるからという理由で決めないでください。そして、睡眠時間や趣味の時間は削ることになり、気を付けないと、自分の限界を超え、家族仲も悪くなります。

なぜ、何か（睡眠時間、趣味など）を犠牲にしてまでビジネスをして、どんな夢を叶えたいのかという理由を明確にし、そのための時間の確保を頑張りましょう。

⑤キャリアチェンジを目指す「ママライフエンジョイ型」

このタイプに属するのは、現在専業主婦もしくは育休中の会社員です。子育てに時間を取られながらも、次のキャリアチェンジに向けて活動している人が該当します。

このタイプの人にまずやって頂きたいことは、子どもが寝た時間や手が空いた時間はビジネスに使うと決意することです。急に自分の手が空いた

時に何をするかを予め決めておかないと、ダラダラ過ごして1日が終わってしまいます。

あと、特に育休中の人は、復職までをひとつのゴールとして定めていると思いますので、それまでにどうなっていたいか逆算して目標を決めましょう。

育休中の今も子育てにいっぱいで時間がないと感じられていると思います。しかし、復職するともっと自分の時間が持てません。なので、起業に向けてしっかり準備できるのが最後の期間かもしれません。それを心得て、ビジネスに取り組みましょう。

⑥「守」の本業と「攻」の複業のハイブリッド「大黒柱型」

最後にこのタイプは、シングルマザーや、パートナーがいても主たる生計をご自身が担っている人が該当します。本業でもしっかり安定して稼いで、＋アルファで副業でもしっかり稼いでいきたい層です。

このタイプがやるべきことは4つで、①本業でもしっかりキャリアアップを目指すこと、②早くお金になるビジネスを選ぶこと（Canを中心にビジネスを組み立て）、③時間の確保をすること、④両親、周りのサポート体制を整えることです。

一家の大黒柱として、本業も副業も頑張らない

といけないので、相当大変だと思います。しかし、ビジネスが一度軌道に乗ると家計もかなり安定するので、それまでしんどいと思いますが、頑張りましょう。

このタイプは、ビジネスが上手くいったからと言って本業を手放すのは避けたほうがいいでしょう。ビジネスに波はつきものなので、本業でもキャリアアップを目指すのが吉です。

そしてビジネスは即金性の高いもので、時間のやりくりは他のママと同様で工夫が必要です。一人で本業も子育てもビジネスもしてしまうとパンクするので、頼れる人は頼る精神で両親、家族などの周りのサポート体制も整える必要があります。

おわりに

華やかで刺激的、ストレスフルな毎日を送った広告代理店時代

「自分には何もなくなってしまった……」
「今までの頑張りがすべて無駄になってしまった……」

会社員をやめた頃の私は、自分で選んだ選択肢だったにも関わらず、本当にこれでよかったのかなと何度も自問自答していました。自分は、会社員をやめるなんてとんでもない選択をしたんじゃないかとふと頭によぎると苦しくなるときさえありました。それはほんの5年前の話です。

最後に、私自身のお話をさせてください。私は元々広告代理店で働いていました。まだ働き方改革が叫ばれる前から働いていたので、非常に忙しく働いていました。

私は、当時雑誌広告を扱う部署にいたので、大手出版社の有名女性ファッション誌を担当し、雑誌広告のタイアップ記事の制作はもちろん、雑誌を軸にした複合的なプロモーション

企画の提案から運営実行まで一気通貫で統括をしていました。

ある時は、有名コスメと雑誌のコラボ商品を作ったり、またある時は、商業施設の周年イベントを雑誌とコラボして盛り上げたり、有名作家さんとコラボして広告のためのオリジナルの書下ろしストーリーを企画したこともあります。


雑誌という枠に捉われず、クライアントの課題解決のために知恵を絞り、本当にたくさんの企画を提案し、それが世の中に出るまで担当させて頂きました。

時には撮影現場で芸能人やモデルに会うこともあり、ファッション系の豪華なイベントに招待もされます。当時、地方出身の私には、仕事で関わる人も仕事でやっていることも華やかすぎてまぶしかったのを覚えています。自分が企画提案したものが決まって、世に出ることで最高のやりがいと高揚感を得ていました。


しかし、それはハイライトのほんの一部です。9割は地味な仕事で、忙しい時は深夜2時3時まで残ってタクシーで帰っていました。

忙しすぎて、夕方になるとメイクもよれよれ。なのに、直す暇すらなかったほど。食生活は乱れ、残業しながら夜9時にファストフードを食べるなど、肌もボロボロで、いつも目の下にクマがあり、不健康の極みでした。本当に分刻みのスケジュールで、「あと1時間で雑誌の広告施策のプランニングを提案して」と急かされることもあり、毎日ヒリヒリしながら働いていました。

大型企画を実施する場合、関係者が多く些細な意思疎通のミスですぐトラブルが起こります。ときには、利害の相反する関係社間の仲裁に入り、神経がすり減りました。

その他にも、社内の先輩に23時に会議室に缶詰めにされて怒鳴り続けられ、トイレで号泣したことがあります。

また、校了後にタイアップ記事の誤植が発覚し、印刷所の輪転機を止めたこともあります。意思疎通のミスで1件発注漏れがあり、掲載されるはずの広告が飛ぶという掲載事故で担当を外されたこともあります。

今では笑い話ですが、本当にあらゆる事件、トラブルで神経がすり減る毎日でした。

あの当時は仕事のために生きていたと思います。

土日も仕事のことで頭がいっぱいで楽しめない時もありました。それくらい仕事に身も心も時間を割き、全力でした。

何者でもない自分に耐えられなかった

その頃、結婚後数年経っても子どもがなかなかできませんでした。激務で不規則な生活だったので、当たり前と言えば当たり前でしたが、不妊をきっかけに今後のキャリアを考えるようになりました。

30歳を過ぎた頃から、このままバリバリ働きたいという気持ちと、一回ゆっくりして妊活を優先したいという気持ちが行ったり来たりしていました。

その頃、持病のアトピーも悪化し子どももできず、身体がボロボロだったのです。

「キャリアは、最悪後からでも挽回できるはず」
「妊娠・出産は、やはり年齢には抗えない」

そして、死ぬときどっちを選択しなかったほうがより後悔するかと考えました。

仕事し続けなかったことよりも、子どもがいない人生を選んだほうがきっと後悔すると確信しました。不妊治療を頑張っていてもできない可能性もあります。それでも、子どもを持つ夢に向けて頑張らなかったことをきっと後悔すると思いました。

そうして、**私は会社員をやめました**。今まで頑張った分、最初は清々しい気持ちもありましたが、失ってしまったものの大きさも同時に私に重くのしかかりました。今まで頑張ってきたことが水の泡になったと心底落ち込みました。キャリアの梯子が外れ、レールから外れてしまいました。

深夜まで残業して、ボロ雑巾のようにクタクタになるまで働き、神経もすり減らしながら頑張った経験もすべて無駄になるのでないか。今まで大きな企画を動かしてきた実績も生かせる場所がなくなるのではないか。まるで大変な思いをして1個ずつ積み重ねてきたジェンガが、ほんのちょっとのミスでガラっと崩れ落ちるような虚無感でした。

仕事をやめて、本格的な不妊治療をすることになりました。**不妊治療は、金銭的、時間的、体力的、精神的にかなりの負担がかかります**。

特に時間的な負荷は、フルタイムで会社員には相当なハードルになります。通院はピークのときには毎日通うこともあり、待ち時間も長く半日潰れます。通院スケジュールも読めず、「明日来て」とクリニックに言われることもしょっちゅうです。

自然妊娠が難しいというだけで、こんなにも普通に働くのが難しいのかと、不妊治療に足

を踏み入れて初めて思い知らされました

結果がなかなか出ず不安な中で、毎回クリニックに通うたびに数万円財布から出ていきます。いつも内診台で恥ずかしい思いをし、毎回痛い注射もされ、時には手術もしました。そしてキャリアも失いました。

「これ、何かの罰ゲームかな」とさえ思いました。

生理が来た日は本当に最悪でした。1周期（1カ月）で不妊治療に数十万円使って、それが全部パーになって、また一からやり直しになるので、毎回号泣しました。クリニックでは、泣いている人を何人も見かけました。それくらい不妊治療は壮絶でした。

「今まで何のために頑張ってきたんだろう……」
「身を粉にして一生懸命働いてきて、挙句の果てがこれはさすがにないよ……」
「私のキャリアは終わった。キャリアの梯子が外れた……」

不妊治療の結果もなかなか出ず、本当にネガティブで孤独な日々でした。

今までの経験すべて無駄じゃなかった

そんな過去の私が、今では法人2社を経営する起業家となりました。不妊治療の甲斐もあって、二人の可愛い娘にも恵まれました。数年前まで、子どももいなくて、キャリアも失って、何をしたらいいかわからず途方に暮れ、キャリア迷子だった私の姿は、今はもうどこにもありません。

起業してからもうすぐ5年になります。起業してから、二度妊娠・出産を挟んでいるので、思い通りに働けない時期もありました。本書では偉そうなことを書いていたかもしれませんが、起業してからたくさんの失敗や遠回りもしてきました。どうしても妊娠・出産で動きづらいときがあったので、そのたびに事業の形態を変えたり、事業自体をピボットしたりしました。

起業してから将来が不安なときもたくさんありました。「何やってんだろ、自分」と突っ込みたくなることも何度もありました。それでも、起業の歩みだけは続けました。ふと周りを見ると自分と同じ頃に起業した人で残っている人は、案外少ないです。

起業を続けられる人と続けられない人の違いは何かと考えたときに、ひとつは強烈なビジョンがあるかどうかなのかなと思いました。どんなに苦しくても、辛酸をなめても、それでも歯を食いしばって、喰らいついていくことができるのは、やはり起業して何かを成し遂げたいという強い想いなのかなと思います。目先の利益だけを追っていたら、きっとどこかで諦めてしまうのではないでしょうか。

私がお話したいことは、ただひとつ。せっかくリスクを取って起業するんだから、思いっきりビジネスを楽しんでほしいです。起業って最高に楽しいです。私は、子どもの頃モノづくりが好きだったのですが、当時寝る間を惜しんでやるくらい夢中になっていました。そんな状態が、起業すると訪れます。24時間、ビジネスのことばかり考えています。それくらい夢中になって、楽しいものです。そして、その熱量が伝わり、どんどん素敵で頼もしい仲間も増えてきています。

会社員をやめた頃、今までのキャリアがゼロになって、何もなくなってしまったと絶望していました。しかし、今会社員時代に培ったスキルや視点が、お客さまのビジネスを発展させるために役立っています。今までやってきたことすべて無駄じゃなかった。キャリアは失われていなかったのです！

5年間がむしゃらに行動していたことが最近ようやく、点と点が線で結ばれていくような感覚になっています。無駄なことなんてひとつもないのです。だから、自信を持って、自分が信じた道を突き進んでほしいと思います。

私が代表を務める法人の1社は、株式会社LASSIC（ラシック）と言います。自分らしくから文字って付けました。弊社のサービスを通じて自分らしくキャリアも人生も叶える人が増えてほしいという想いを込めています。

キャリアや人生で思い通りにならないときもあると思います。それでも、どんなに小さくてもいいから行動だけは止めないでください。きっと行動し続けていたら、次の扉が必ず目の前に現れる日が来ます。

大人になっても、夢を叶え続ける人生を送りましょう！

本書の刊行にあたり、遠藤さん、潮凪さん、本当にありがとうございました。この場を借りて厚くお礼を申し上げます。

出版という自分にはこれ以上ないくらい光栄な機会を頂き、このような本ができ、多くの人に自分の想いとノウハウをお届けすることができ、大変嬉しく思います。一人でも多くの人の勇気と希望に本書がなればと思います。

そして、いつも協力や応援してくれる夫、私が忙しいとき子どものサポートをしてくれる両親、いつも私の仕事を助けてくれる妹、「お仕事してるカカはかっこいい」と言ってくれる長女といつもニコニコして私に癒しをくれる次女、本当にいつもありがとう！　子どもの頃からの夢がついに叶ったよ！


最後に、会社をやめて腐っていたころの過去の自分へ。

あの頃辛くて孤独だったけど、起業の世界に飛び込んでくれてありがとう。

おかげ様で、毎日楽しくて刺激的で、素敵な仲間とパートナーに囲まれて、仕事を通じて心が震える瞬間が来たよ。

本当に諦めなくてよかった。

チャレンジし続けてよかった。

自分の可能性を信じてくれてありがとう。

相坂　サオリ

読者限定・無料特典

本著をお読みの読者限定で以下の特典をプレゼントいたします。
QRコードをスマートフォンなどで読み取って、特典をお受け取りください。
本著内に収納されなかった起業に役立つワークシート各種が受けとれます。
※特典の活用は任意です。必要な特典のみ活用ください

特典1　起業マインドセット　ワークシート

特典2　ビジネスの種探し　ワークシート

特典3　商品設計、競合調査シート

特典4　コンセプトメイキングシート

特典5　集客導線設計シート

特典6　月100万円までのロードマップ作成シート

注意事項

※特典プレゼントは予告なく終了となる場合がございます。あらかじめご了承ください。
　図書館等の貸出、古書店での購入は特典プレゼントの対象外です。
※本特典の提供は、株式会社LASSICが実施します。
　出版社、書店、その他販売店、図書館等は一切関係がありません。
※お問い合わせは、https://www.lassic-inc.co.jp/ へお願いいたします。

著者プロフィール

相坂 サオリ

株式会社 LASSIC 代表取締役
一般社団法人女性起業家クリエーション協会 理事

岡山県生まれ。青山学院大学卒業。

大手広告代理店を経て起業。マーケティングＰＲ戦略支援事業、キャリアと起業支援事業を展開。個人起業家のためのビジネスプロデューススクールも運営。

不妊治療とキャリアに悩んだ経験から国家資格キャリアコンサルタントの資格を取得。

イベント・セミナー登壇、大手メディアにも多数掲載やコラム連載など幅広く活動。

「自分らしく生き、自己実現を叶える」をビジョンに掲げ、人生で想定外のことが起きても、キャリアも人生も自分らしく創れる女性が増えることを目指す。

現在は、２人姉妹の母をしながら、東京、名古屋、岡山の三拠点で活動し、どこにいても自分らしく働くことも実現。

講演・ワークショップのご依頼、その他お問い合わせ
info@lassic-inc.co.jp
https://www.lassic-inc.co.jp/

デザイン・イラスト　TOMO
編集協力　遠藤励起
企画協力　潮凪洋介

らしく起《き》業《ぎょう》
～キャリア迷子《まいご》の会社員《かいしやいん》だった私《わたし》が見《み》つけた、
“ゼロからマイビジネスを作《つく》る”自分《じぶん》らしい働《はたら》き方《かた》～

2025年4月29日　第1刷発行

著　者　相坂《あいさか》サオリ
発行者　林　定昭
発行所　アルソス株式会社
〒203-0013　東京都東久留米市新川町2-8-16
電話　042-420-5812（代表）
https://alsos.co.jp
印刷所　株式会社 光邦

ISBN 978-4-910512-27-3 C0034
